KB233435

가치 이동

가치 이동

박영득

2판 1쇄 / 2008. 11. 10

펴낸이 / 최헌근
펴낸곳 / 말씀과만남
등록번호 / 제20-444호
등록일자 / 1991. 6. 19

138-220 서울특별시 송파구 잠실동 339-3
전화 / (031)594-6327   팩스 (031)594-6328
전자우편 / mmpress@hanmail.net

ISBN 89-7508-193-1(03230)

값 7,000원

잘못된 책은 바꾸어 드립니다.

가치 이동

박영득 지음

세상적 가치에서 성경적 가치로 이동하라

말씀과만남

4 가치 이동_

모든 사람은 나름대로의 가치를 따라 살아갑니다. 가치관은 그 사람의 됨됨이를 결정하기 때문에 어떤 가치를 가지고 사느냐 하는 것은 매우 중요합니다.

제 아들은 찬양사역에 중요한 가치를 두고 있습니다. 그래서 일주일에 몇 번씩 멀리 인천까지 훈련을 받으러 갑니다. 피곤하니 쉬라고 해도 열심히 갑니다. 왜 이렇게 삽니까? 찬양에 가장 큰 가치를 두고 있기 때문입니다.

이처럼 사람들은 가치를 두는 일에 시간과 돈을 투자하고, 가치 있는 일을 할 때 행복을 느낍니다.

성경을 읽다가 변화에 대해 묵상하면서, 가치가 변하는 것이 진정한 변화라는 사실을 알게 되었습니다.

예수 믿고도 가치가 변하지 않는 사람은 종교인입니다. 가치가 변화된 사람만이 진정한 신앙생활을 한다고 할 수 있습니다. 종교생활을 하면 안 됩니다. 신앙생활을 해야 합니다.

세상적 가치에서 세상적 가치로 변하는 것은 변화가 아

님니다. 세상적 가치에서 성경적 가치로 변하는 것이 진정한 변화입니다. 나의 사랑하는 성도들이 성경적 가치관을 가지고 살아가기를 기대하는 마음으로 열 번에 걸쳐 설교한 것을 글로 정리해 보았습니다. 아무리 생각해도 부족하고 부끄럽지만 용기를 내었습니다.

졸작을 언제나 기쁨으로 출판해 주시는 말씀과만남사의 최헌근 사장님께 감사드립니다.

나의 가장 든든한 백이며 후원자이신 큰빛교회 성도님들의 눈물의 기도가 이 책이 나오는데 큰 역할을 했습니다.

나에게 가치를 가르쳐 주시고, 가치를 깨닫게 해 주시고, 가치를 글로 표현할 수 있도록 역사하신 분은 나의 가장 사랑하는 성부, 성자, 성령님이십니다.

이 글을 읽는 모든 분들에게 성령의 기름 부으심이 충만하여 성경적인 가치관을 가지고 살아 하나님의 기쁨이 되시기를 바랍니다.

하나님의 땅 평내에서 박영득 목사

| 차 례 |

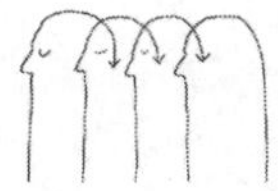

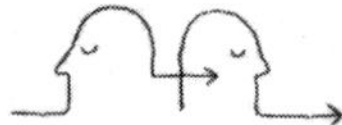

8 가치 이동_

1 이틀이 지나면 유월절과 무교절이라 대제사장들과 서기관들이 예수를
흉계로 잡아 죽일 방도를 구하며
2 이르되 민란이 날까 하노니 명절에는 하지 말자 하더라
3 예수께서 베다니 나병환자 시몬의 집에서 식사하실 때에 한 여자가 매
우 값진 향유 곧 순전한 나드 한 옥합을 가지고 와서 그 옥합을 깨뜨려
예수의 머리에 부으니

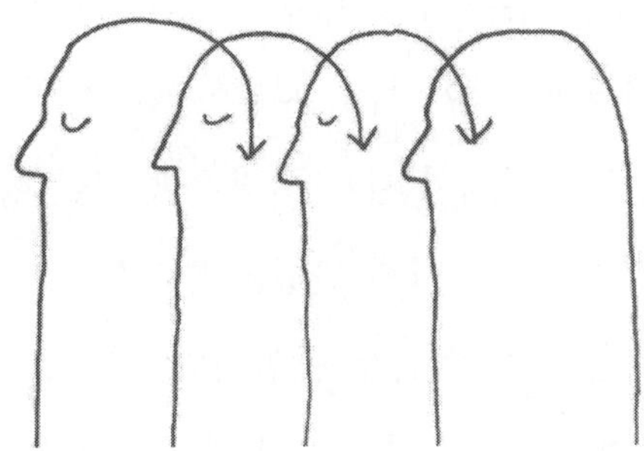

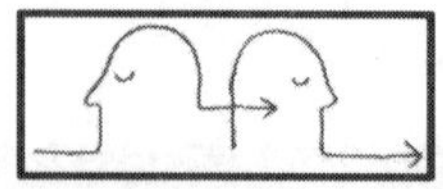

행복의 파랑새

빛의 천사라고도 하고, 세 가지 고통을 이긴 성녀라고도 하는 헬렌 켈러Helen Keller는 장님, 귀머거리, 벙어리면서도 하버드 대학을 졸업한 위대한 인생 성공자입니다. 헬렌 켈러는 인생에 대해서 이렇게 말했습니다.

"많은 사람은 진정한 행복이 무엇인지 모르고 있다. 행복은 자기만족에서 얻어지는 것이 아니라 가치 있는 일에 충성할 때 얻어지는 것이다."

자기만족을 위해서 사는 사람은 진정한 행복을 얻을 수 없고 가치 있는 일에 인생을 투자한 사람만 행복의 파랑새를 만날 수 있다는 말입니다.

가치에 따라서 인생의 질이 결정됩니다. 가치가 천

하면 천한 인생이 되고, 가치가 귀하면 존귀한 인생이
되는 것입니다.

존귀한 인생

어렸을 때 우리 집에서는 토종벌을 키웠습니다. 늦
가을에 꿀을 뜨는데 그 꿀이 얼마나 맛있던지 지금도
생각하면 군침이 돕니다. 벌 한통에는 여왕벌이 한 마
리씩 있습니다. 모든 벌들은 이 여왕벌을 중심해서 모
여 있습니다. 왜 똑같은 벌인데 어떤 벌은 일벌이고,
어떤 벌은 여왕벌입니까?

일벌은 일반 꿀만 먹고, 여왕벌은 로열 젤리를 먹습
니다. 먹는 것에 따라서 벌의 종류가 결정됩니다.

우리 인생도 이와 똑 같습니다. 일반 꿀이란 가치를
먹으면 일벌이 되고, 로열 젤리란 가치를 먹으면 여왕
벌이 되는 것처럼, 존귀한 것에 가치를 두면 존귀한 인
생, 행복한 인생이 됩니다. 그러므로 어디에 가치를 두

고 살아가느냐? 는 대단히 중요한 것입니다.

거짓 가치

영국에서 있었던 일입니다. 스티븐Stiven이라는 사람
은 억만장자였는데 그의 집에는 수십 억 되는 값비싼
그림이 다섯 점이나 있었습니다. 그는 외출을 할 때마
다 이 그림 때문에 걱정이었습니다.

어느 여름 온 가족이 두 주간의 일정으로 여름휴가
를 떠나게 되었습니다. 휴가는 좋지만 그림 때문에 걱
정하던 차에 좋은 아이디어가 떠올랐습니다. 시내의
그림 가게에 가서 싸구려 그림 10장을 사서 그 그림에
수만 달러의 가격표를 붙여 놓았습니다.

두 주간의 휴가를 마치고 돌아왔을 때 아니나 다를
까 그림이 없어졌습니다. 도둑놈이 들어와 그림을 훔
쳐간 것입니다. 그런데 비싼 가격표를 붙여놓은 가짜
그림만 다 가지고 갔고 진품은 그대로 남았습니다. 도

둑놈들이 잘못된 가격표에 속아서 아무런 가치가 없는 그림을 가져간 것입니다.

이 이야기는 오늘을 사는 현대인들에게 중요한 교훈을 주고 있습니다. 많은 사람들은 영국의 한 도둑처럼 '거짓 가치'에 목숨을 겁니다.

세상 사람들은 돈에 가치가 있다고 생각합니다. 권력에 가치가 있다고 생각합니다. 외모에 가치가 있다고 생각합니다. 인기에 가치가 있다고 생각합니다. 그래서 이런 것들을 위해서 별 짓을 다합니다. 그러나 이 모든 것은 잘못된 가치입니다. 우리는 세상 사람들이 정해 놓은 '가치표'에 속지 말아야 합니다. 거짓 가치에 속지 않으려면 가치가 무엇인지 알아야 합니다.

최고의 가치

가치가 무엇입니까? 그것은 내가 시간과 재물을 투자할 만큼 소중하게 여기는 것을 말합니다.

얼마 전 대구에 갔다가 포항에 잠시 들른 적이 있었
는데, 포항의 어느 고등학교 정문에 '이규식 서울대학
최종합격' 이라는 프랑 카드가 걸려 있는 것을 보았습
니다.

왜 포항에서 많은 돈을 들여 서울대학교까지 옵니
까? 서울대학에 다니는 일이 가치 있다고 생각했기 때
문입니다. 가치가 있다고 생각하면 시간이 문제가 아
닙니다. 돈이 문제가 아닙니다. 불편한 것이 문제가 아
닙니다.

사람들은 가치가 있다고 생각하면 무슨 일이든지 합
니다. 돈에 가치를 둔 사람은 돈 버는 일이라면 어디든
지 갑니다. 돈 버는 일이라면 무슨 일이든지 합니다.
돈 버는 일이라면 사기도 치고 하나님도 버립니다. 왜
냐하면 이 사람에게 있어서 돈이 최고의 가치이기 때
문입니다.

최근에 들은 이야기인데 어머니와 아들이 공모해서
아버지를 정신병자로 몰아 정신병원에 넣었다고 합니
다. 이유는 돈 때문입니다. 돈을 얻기 위해서는 남편도

아버지도 버립니다.

누가복음 15장에 보면 탕자는 돈을 얻기 위해, 돈을 쓰기 위해 아버지도 버립니다. 돈이 정말 가치 있는 것이라면 예수님은 세상에 오셔서 돈 버는 일을 하셨을 것입니다. 그러나 예수님은 돈을 벌지 않았습니다. 가난하게 사셨습니다.

가치 시험

욥기에 보면 잘 살던 욥이 순간에 자식들과 재산을 다 잃어버립니다. 그리고 욥이 고백한 것이 무엇인지 아십니까?

주신 자도 여호와시요, 취하신 자도 여호와시니 여호와의 이름이 찬송을 받으실지니이다.

이 욥의 고백을 의역하면 '나는 돈에 가치를 둔 사람

이 아니라 하나님에게 가치를 둔 사람이다'라는 말입니다. 욥에게 있어서 최고의 가치는 하나님이었습니다. 욥의 시험은 가치에 대한 시험이었습니다. 사탄은 욥이 자녀와 물질에 최고의 가치를 두었다고 주장하고, 하나님은 욥이 하나님에게 최고의 가치를 두었다고 주장했습니다.

그래서 시작된 시험이 '가치시험'worth test입니다. 이 시험의 결과 욥의 가치는 자녀와 재물이 아니라 하나님이라는 사실이 밝혀졌습니다.

워너메이커의 가치

미국의 백화점 왕인 워너메이커Wanameker가 체신부 장관으로 국가의 부름을 받았을 때 그의 조건은 하나였습니다. 그것은 주일 성수였습니다.

어떤 사람이 워너메이커에게 "당신은 큰 사업을 할 뿐 아니라 체신부 장관까지 되어 할 일이 많은데 어떻게 매 주일 교회에 나가서 주일학교 교사까지 합니까?"하고 물었더니 워너메이커는 정색을 하면서 대답했습니다.

"무슨 말을 그렇게 하십니까? 주일학교에서 학생들을 지도하는 일은 제 본업이고 그 외의 다른 일은 부업입니다."

백화점 일도 부업이고 체신부장관 일도 부업이라는 말입니다. 워너메이커에게 있어서 최고로 가치 있는 일은 교회에서 아이들을 가르치는 일이었습니다. 그는 이 일을 할 때 행복했습니다.

많은 사람들이 영적인 것에 가치를 두지 않습니다. 그래서 신앙생활을 연습처럼 합니다. 문화처럼 합니다. 적당히 합니다. 부업처럼 합니다. 우선순위가 아니라 차선입니다. 하나님이 일등이 아니라 이등입니다.

최고의 가치

마가복음 14장 1절입니다.

대제사장들과 서기관들이 예수를 흉계로 잡아 죽일 방도를 구하며.

대제사장들과 서기관들이 왜 예수님을 죽이려고 합니까? 예수님이 어떤 분인지를 모르기 때문입니다. 예수님이 얼마나 중요한 가치인지를 모르기 때문입니다.

세상 사람들은 예수님의 가치를 모르기 때문에 예수님을 믿지 않습니다. 교회에 다니면서도 예수님의 가치를 모르기 때문에 신앙생활을 하지 않고 종교생활을 합니다. 서기관들과 대제사장들처럼 말입니다.

여러분에게 있어서 예수님은 얼마나 가치 있는 분이십니까? 예수님은 우리에게 최고의 가치여야 합니다.

찬송가 102장을 작사한 뮐러는 '예수님은 내 인생의 최고의 가치다'라고 고백했습니다.

'주 예수보다 더 귀한 것은 없고, 이 세상 부귀와 바꿀 수 없고, 이 세상 명예와도 바꿀 수 없고, 이 세상 행복과도 바꿀 수 없다.'

예수님은 내 인생의 최고의 가치라는 고백입니다.
그렇습니다. 예수님은 내 인생의 최고의 가치입니다.

가치 이동

마가복음 14장 3절 말씀입니다.

한 여자가 매우 값진 향유 곧 순전한 나드 한 옥합을 가지고 와서 그
옥합을 깨뜨려 예수의 머리에 부으니.

'한 여자'는 요한복음 12장 3절에 의하면 마리아입니
다. 마리아는 몸을 팔아서 목숨 걸고 번 돈으로 향유를
샀습니다. 이 향유가 얼마나 비싼 것인지 '매우 값진
향유'라고 했습니다. 마리아에게 있어서 최고의 가치
는 향유였습니다. 그러나 예수님을 만난 다음에는 향
유보다 더 가치 있는 것이 생겼습니다. 그것은 예수 그
리스도이십니다. 그래서 그 귀한 향유를 예수님께 부

어드리는 것입니다. 이제는 최고의 가치가 향유가 아니라 예수님입니다. 향유에서 예수님으로 가치가 이동된 것입니다.

향유가 아니라 예수님

변화가 무엇인지 아십니까?
'가치이동'입니다.

욥은 가치이동이 확실한 사람입니다. 자식도 가치가 있었고 물질도 가치가 있었지만 욥에게 가장 중요한 가치는 하나님이셨습니다. 하루아침에 아들 일곱, 딸 셋을 잃은 욥은 이렇게 고백합니다.

주신 자도 여호와시요, 취하신 자도 여호와시니 여호와의 이름이 찬송을 받으실찌니이다.

자식에서 하나님으로, 물질에서 하나님으로 확실하

게 가치가 이동된 사람입니다

아직도 여러분의 최고의 가치, 가장 귀한 가치가 세상에 있습니까? 가치이동을 해야 합니다.

마리아는 최고의 가치를 향유에 두고 살았었는데 예수님을 만나고 나서 그의 가치는 예수님으로 바뀌었습니다. 그래서 예수님께 향유란 가치를 부어드립니다.

변화된 사람, 가치가 이동된 사람은 마리아처럼 세상의 가치를 예수님께 부어드립니다. 예수님께 부어드릴 때 우리가 가지고 있던 세상 가치는 거룩하게 되는 것입니다.

가치 붓기

충성faithfulness이 무엇입니까? 세상 가치를 주님께 부어 드리는 것입니다.

헌신devotion이 무엇입니까? 세상가치를 주님께 부어 드리는 것입니다. 건강이란 가치, 돈이라는 가치, 모든 가치를 주님께 부어드리는 것입니다.

그 사람이 어디에 최고의 가치를 두고 있는지 금방 알 수가 있습니다. 돈을 어디에 많이 쓰는지 보면 압니다. 시간을 어디에 많이 쓰는지 보면 압니다.

주님을 위해 돈을 많이 쓰십니까? 주님을 위해 시간을 많이 드리십니까? 마태복음 13장 46절 말씀에서 예수님은 이렇게 말씀하셨습니다.

극히 값진 진주 하나를 발견하매 가서 그 소유를 다 팔아 그 진주를 샀느니라.

'극히 값진 진주' '최고의 가치'를 발견하고 그 가치에 자신의 전 재산을 부었다는 말씀입니다.

어디에 돈을 많이 쓰십니까?

어디에 시간을 많이 투자하십니까?

어디에 목숨을 거십니까?

값진 진주인 예수님을 만난 사람은 마리아처럼 그분에게 최고의 가치를 두고 향유를 예수님께 붓는 사람입니다.

3 시험하는 자가 예수께 나아와서 이르되 네가 만일 하나님의 아들이어든 명하여 이 돌들로 떡덩이가 되게 하라
4 예수께서 대답하여 이르시되 기록되었으되 사람이 떡으로만 살 것이 아니요 하나님의 입으로부터 나오는 모든 말씀으로 살 것이라 하였느니라 하시니

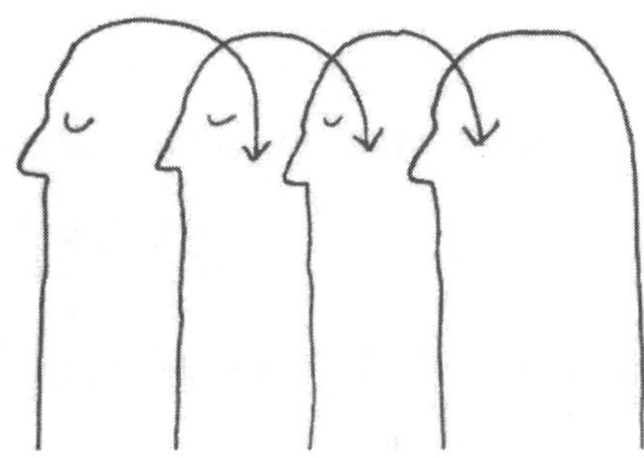

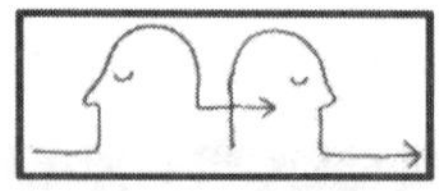

통과하지 아니하면

　예수님께서 구속사역을 위해서 30년의 모든 준비를 마치시고 요단강에서 물세례와 성령세례를 받습니다. 그리고 이제 본격적인 '공생애'의 삶을 시작하려고 합니다. 그런데 성령께서는 예수님을 광야로 인도하셨습니다. 마태복음 4장 1절 말씀입니다.

그 때에 예수께서 성령에게 이끌리어 마귀에게 시험을 받으러 광야로 가사.

　성령께서 예수님을 광야로 인도하신 목적이 무엇입니까? 주님께서 광야로 가신 목적은 금식하는 것이 아니라 시험받는 것이었습니다. 이 시험을 통과하지 않으면 구속역사Salvation history를 이룰 수 없기 때문입니다. 우리도 마찬가지입니다. 이 시험을 통과하지 않으면 행복한 인생을 살 수가 없고, 하나님의 영광을 위한 인생을 살 수가 없습니다. 이 시험이 무엇입니까?

어떻게 하시겠습니까?

마태복음 4장 2절 말씀입니다.

사십 일을 밤낮으로 금식하신 후에 주리신지라.

사십 일을 금식하신 예수님은 얼마나 배가 고팠는지 '주리신지라' 이렇게 표현하고 있습니다. 예수님은 극도의 배고픔 가운데 있었습니다. 이때 사탄이 예수님의 배고픔을 알고 찾아 왔습니다. 마태복음 4장 3절 말씀입니다.

시험하는 자가 예수께 나아와서 이르되 네가 만일 하나님의 아들이어든 명하여 이 돌들로 떡덩이가 되게 하라.

사탄이 예수님께 한 말이 무엇입니까? 돌로 떡을 만들라는 것입니다. 여러분에게 이런 상황이 왔을 때 돌로 떡을 만들 능력이 있다면 어떻게 하겠습니까?

대부분의 사람들은 돌로 떡을 만들 것입니다. 배고픈 사람에게 있어서 가장 중요한 것은 떡이기 때문입니다. 그러나 예수님은 배고프다고 떡을 만들고 목마르다고 물을 만들지 않았습니다.

떡이냐? 말씀이냐?

마태복음 4장 4절 말씀입니다.

예수께서 대답하여 이르시되 기록되었으되 사람이 떡으로만 살 것이 아니요 하나님의 입으로부터 나오는 모든 말씀으로 살 것이니라.

무슨 말씀입니까? 내게 있어서 떡보다 더 중요한 것은 하나님의 말씀이라는 말입니다.

이게 무슨 시험입니까? 가치 시험입니다.

사탄은 우리에게 말합니다. 네게 있어서 최고의 가치는 떡이라는 것입니다. 그러나 예수님은 최고의 가치는 하나님의 말씀이라고 하십니다.

사탄은 우리에게 '돈이 네 인생의 최고의 가치'라고 가르칩니다. 사탄의 가르침에 순종하여 돈에 최고의 가치를 두고 사는 사람들이 있습니다. 기억하십시오. 절대로 인생이 행복할 수 없습니다.

선악과냐? 말씀이냐?

하나님께서 우리 인간을 만들어 놓고 매일 시험을 치르도록 하셨습니다. 이 시험에 매일 합격해야 행복한 하루가 되고 성공하는 하루가 됩니다. 그것이 무엇입니까? 선악과 시험입니다.

선악과나무는 시험문제입니다. 선악과는 맛있는 과일입니다. 보암직도 하고 먹음직도 한 과일입니다. 그런데 하나님은 이것을 만들어 놓고 따 먹지 말라고 하셨습니다. 따 먹으면 죽는다고 하셨습니다. 이것이 무슨 시험입니까?

'선악과냐? 하나님의 말씀이냐?' '물질이냐? 하나님의 말씀이냐?'의 가치 시험입니다.

하나님의 말씀에 가치를 두면 행복한 인생, 성공하는 인생이 되지만 물질에 가치를 두면 불행하게 되며 죽는다는 말입니다.

불행하게도 인간은 선악과에 더 가치를 두고 하나님이 금하신 열매를 따 먹었습니다. 하나님의 말씀을 버리고 물질을 택한 것입니다. 그래서 에덴에서 쫓겨나게 되고 불행하게 되었습니다.

돈이냐? 말씀이냐?

여러분! 가치 시험은 정말로 중요합니다. 이 시험은 중요할 때마다 등장합니다.

사렙다 과부에게는 한 줌의 가루와 기름 조금 밖에 없었습니다. 이것을 가지고 마지막으로 떡을 해먹으면 더 이상 먹을 것이 없어서 아들과 자신은 굶어죽게 됩니다. 이 때 엘리야가 찾아와서 마지막 생명인 가루와 기름으로 떡을 해서 달라고 합니다. 하나님이 이렇게 하라고 했다는 것입니다.

'떡이냐? 하나님의 말씀이냐?'의 가치 시험입니다.

사렙다 과부는 떡을 택하지 않고 하나님의 말씀을 택합니다. 가치 시험에 합격한 것입니다.

많은 그리스도인들이 '떡이냐? 말씀이냐?'의 가치 시험에 불합격합니다. 그래서 인생이 불행하고 삶에 능력이 나타나지 않는 것입니다.

평범한 사람들은 돈에 가치를 두고 삽니다. 돈에 최고의 가치를 두었기 때문에 하나님보다 돈이 더 중요합니다. 돈이 우상이 된 것입니다. 돈이 맘몬mammon이 된 것입니다. 돈이 일등이고 하나님은 이등입니다.

돈과 하나님이 있으면 서슴없이 돈을 택합니다. 돈에 최고의 가치가 있기 때문입니다. 이런 사람은 하나님을 따라가지 아니하고 돈을 따라 갑니다.

하나님에게 최고의 가치를 둔 사람들은 다윗처럼 "여호와는 나의 목자시니 내가 부족함이 없으리로다"라고 고백합니다.

그러나 돈에 최고의 가치를 둔 사람들은 "돈은 나의 목자시니 내가 부족함이 없으리로다"라고 고백합니다. 하나님을 사랑하는 것이 아니라 돈을 사랑합니다. 하나님을 고백하는 것이 아니라 돈을 고백합니다.

가치 설정

한 때 미국의 최고 가수였던 엘비스 프레슬리Elvis Presley를 알 것입니다. 그는 거부였습니다. 돈에 최고의 가치를 두었기 때문에 돈 버는 일에 목숨을 걸었습니다. 그는 얼마나 부자였는지 자가용 헬리콥터도 있었습니다. 이런 그가 죽기 일주일 전에 이런 광고를 냈습니다.

"나를 보통 사람처럼 평안하게 일주일을 살게 해 준다면 백만 불을 주겠다."

우리 돈으로 어림잡아 십억이 넘습니다. 그러나 아무도 그를 평안하게 해 줄 수 없었습니다. 그는 불안과 두려움 속에 살다가 42세에 비참하게 죽었습니다.

여러분의 최고의 가치는 어디에 있습니까?

떡입니까? 하나님의 말씀입니까?

물질입니까? 하나님이십니까?

떡이 필요 없다는 이야기가 아닙니다. 물질이 필요 없다는 이야기가 아닙니다. 예수님도 "사람이 떡으로만 살 것이 아니요"라고 했습니다. 떡도 필요하다는 말씀입니다.

'최고의 가치를 어디에 두느냐?'가 중요하다는 말씀입니다.

왜 가치 설정이 중요합니까? 가치 설정에 따라 방향이 결정되기 때문입니다.

'하나님이 내 인생의 최고의 가치다.' 이렇게 가치설정을 한 사람은 하나님을 향해 나아가고, 하나님을 위해 행동하고, 하나님을 위해 돈을 투자하고, 하나님을 위해 시간을 투자합니다.

아브라함의 가치

아브라함을 보시기 바랍니다. 백세에 얻은 이삭이 있습니다. 얼마나 귀하겠습니까? 그런데 어느 날 하나님께서 나타나셔서 그 아들을 모리아 산에서 번제로 드리라고 합니다.

아브라함은 어떻게 합니까? 그 아들을 지체 없이 드립니다.

왜 드립니까? 이삭에게 최고의 가치를 둔 것이 아니라 하나님께 최고의 가치를 두었기 때문입니다.

사람은 자신이 설정한 최고의 가치에 목숨을 걸게 되어있습니다.

　얼마 전에 한 조사기관에서 중국 사람들에게 '최고의 가치가 뭐냐?'고 물었습니다.

　중국 사람의 70%가 돈 버는 것이라고 했습니다. 그래서 중국 사람들은 돈 버는데 목숨을 겁니다.

바울의 가치

　바울은 육신의 물질에 목숨을 걸지 않고 복음에 목숨을 걸었습니다. 생명의 떡에 목숨을 걸었습니다. 그래서 그는 이렇게 고백합니다.

나의 달려갈 길과 주 예수께 받은 사명 곧 하나님의 은혜의 복음 증거하는 일을 마치려 함에는 내 생명을 조금도 귀한 것으로 여기지 아니하고.

　복음에 최고의 가치를 둔 바울입니다. 말씀에 최고의 가치를 둔 바울입니다. 하나님께 최고의 가치를 둔 바울입니다. 그래서 복음을 위해 생명을 드리는 것입니다.

여러분은 어디에 최고의 가치를 설정하셨습니까?

물질에 가치를 설정한 사람은 자신을 위해 돈을 벌고, 자신을 위해 성공하려고 노력합니다. 기억하십시오. 자신을 위해 쌓은 모든 것은 바벨탑입니다. 우상입니다.

하나님께 최고의 가치를 설정하십시오. 이런 하나님의 사람은 하나님을 위해 최선을 다합니다. 이런 사람은 이렇게 외칩니다.

‘공부해서 남 주자.’

‘성공해서 남 주자.’

‘돈 벌어서 남 주자.’

‘건강해서 남 주자.’

성공한 인생

우리 인생의 최고의 가치는 하나님입니다. 하나님의
말씀입니다. 시편 1편 기자의 가치 설정입니다.

복 있는 사람은... 오직 여호와의 율법을 즐거워하고 그 율법을 주야로
묵상하는 자로다.

하나님의 말씀을 최고의 가치로 설정합니다.
어떤 인생이 됩니까?

저는 시냇가에 심은 나무가 시절을 좇아 과실을 맺으며 그 잎사귀가 마
르지 아니함 같이 그 행사가 다 형통하리로다.

하나님의 말씀에 최고의 가치를 설정한 인생은 시냇
가에 심은 나무 같은 인생입니다.
어떤 인생입니까?
시절을 좇아 과실을 맺는 인생입니다. 형통한 인생
입니다. 여러분은 어디에 가치를 설정하셨습니까?
운동선수의 최고의 가치는 올림픽 금메달입니다. 세
계 정상이란 메달 가치는 100억 달러의 가치가 된다고

합니다. 그래서 금메달을 따기 위해 목숨을 거는 것입니다. 운동선수의 최고의 가치가 금메달이라면 우리의 최고의 가치는 하나님입니다. 하나님의 말씀입니다. 돈은 두 번째 가치요, 성공도 두 번째 가치입니다.

아브라함에게 하나님은 최고의 가치였습니다. 아들 이삭은 두 번째 가치였습니다. 그래서 그 인생이 행복했고 성공한 인생이 된 것입니다.

3 시험하는 자가 예수께 나아와서 이르되 네가 만일 하나님의 아들이어든 명하여 이 돌들로 떡덩이가 되게 하라
4 예수께서 대답하여 이르시되 기록되었으되 사람이 떡으로만 살 것이 아니요 하나님의 입으로부터 나오는 모든 말씀으로 살 것이라 하였느니라 하시니

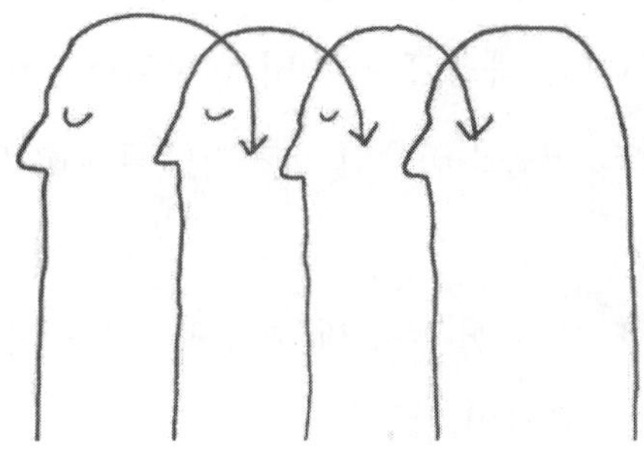

고도의 시험

예수님께서는 성령을 받으시고 공생애의 현장으로 가시지 않고 광야로 가셨습니다. 예수님께서 광야로 가신 목적은 시험을 받으시기 위해서입니다. 사탄이 예수님을 시험하는 목적이 무엇입니까?

구세주가 되지 못하게 하려는 것입니다. 만약 예수님께서 돌로 떡을 만들었다면 인류를 구원할 수가 없었을 것입니다. 배고프다고 떡을 만들어 먹었다면 십자가에 달려 고통스러우면 십자가에서 내려오지 않겠습니까?

그러므로 이 시험은 구세주가 되지 못하게 하는 사탄의 고도의 시험입니다.

전략 알기

　　이제 이 시험을 예수님의 입장에서 생각해 보겠습니다. 예수님은 친히 시험 당하심으로 사탄의 전략을 완전히 드러내셨습니다. 전략을 모르면 사탄을 이길 수가 없습니다. 승리를 위해서는 전략을 아는 것이 중요합니다. 그래서 이런 말이 나온 것입니다.

　　'지피지기(知彼知己)면 백전백승(百戰百勝)'

　　'지피지기(知彼知己)면 백전불패(白戰不敗)'

　　적을 알면 백번 싸워도 백번 이깁니다. 적을 알면 백번 싸워도 한 번도 안 진다는 말입니다. 우리가 신앙생활을 잘 하기 위해서는 두 가지를 알아야 됩니다.

　　첫째는, 하나님을 잘 알아야 합니다.

　　하나님의 뜻을 잘 알아야 합니다. 하나님을 모르면 신앙생활이 불가능합니다.

　　둘째는, 사탄에 대해서 잘 알아야 합니다.

　　사탄은 우리의 원수입니다. 사탄은 고도의 전략을 가지고 우리를 공격하기 때문에 사탄의 전략을 모르면 백전백패 합니다.

사탄에게 수천만 가지의 전략이 있지만 사탄의 핵심 전략을 아는 것은 너무나 중요합니다.

예수님께서 마귀에게 시험을 받으신 것은 이 시험을 통해 사탄의 핵심전략과 하나님의 핵심원리를 가르쳐 주는 아주 중요한 사건입니다.

사탄의 핵심전략

사탄의 핵심전략이 무엇입니까?

'떡에 최고의 가치를 두라'는 것입니다. 즉 '물질에 최고의 가치를 두라'는 말입니다. 그래서 사탄이 첫 번째로 한 시험이 '물질시험'입니다.

물질을 넘지 못하면 하나님을 만날 수 없습니다. 물질이 인생의 목표가 되면 하나님은 보이지 않습니다. 물질에 최고의 가치를 두면 삶 가운데 하나님의 임재가 없습니다. 물질을 넘어야 됩니다. 그래야 하나님을 봅니다. 그래야 하나님의 축복이 있습니다.

물질에 최고의 가치 두지 않기

예수님이 친히 시험을 당하심으로 말미암아 사탄의 전략을 우리에게 가르쳐 주신 것입니다. 사탄은 물질로 사람을 정복합니다. 그래서 성경은 물질에 대해서 이렇게 경고합니다.

돈을 사랑함이 일만 악의 뿌리가 된다.

돈 벌지 말라는 이야기가 아닙니다. 물질에 최고의 가치를 두지 말라는 이야기입니다. 사탄은 이 시험을 통해서 물질에 최고의 가치를 두라고 합니다.

그러나 예수님은 말씀에 최고의 가치를 두라고 합니다. 하나님께서는 인간이 하나님의 말씀에 최고의 가치를 둘 때만 행복하도록 만드셨습니다.

떡으로만

여호와 하나님이 흙으로 사람을 창조하시고.

하나님은 흙으로 인간을 만드셨습니다. 인간의 재료는 흙Humus입니다.

흙이 무엇입니까? 물질입니다. 그렇습니다. 인간은 흙으로 만들어졌기 때문에 물질이 필요합니다. 물질이 있어야 삽니다. 이것은 너무나 당연한 사실입니다. 그래서 예수님도 "사람이 떡으로만 살 것이 아니요" 이렇게 말씀하신 것입니다.

떡이 필요 없다는 이야기가 아닙니다. 떡도 필요하다는 말씀입니다. 예수님도 육신의 배고픈 자들을 위해서 떡을 만드셨습니다. 5,000명을 먹이고도 12광주리가 남는 엄청난 떡을 만드셨습니다. 한 번도 아니고 두 번이나 떡을 만드셨습니다. 떡도 하늘로부터 온 것입니다. 물질도 하나님이 만드신 것입니다.

예수님이 말씀하신 것은 물질이 최고가 되면 안 된

다는 것입니다. 물질이 우상이 되면 안 된다는 것입니
다.

물질로 신을 만든 죄

이스라엘 백성들이 광야에서 금송아지를 만들었습
니다. 물질로 신을 만든 것입니다. 그래서 하나님이 진
노하셨습니다. 이 일 때문에 모세가 시내 산에서 받은
율법이 기록된 거룩한 두 돌비를 깨뜨립니다.
두 돌비는 십계명이 기록된 하나님의 말씀입니다.
하나님의 말씀이 깨어진 것입니다.
이 사건은 물질로 신을 만들어 섬긴 사람들의 죄를
위해 말씀이신 예수님이 죽으실 것에 대한 예언입니
다.
물질을 신으로 섬긴 죄 때문에 말씀이신 하나님이
육신을 입고 이 땅에 오셔서 십자가에서 죽으신 것입
니다.

하나님의 형상

인간에게 있어서 가장 중요한 것은 물질이 아니라 하나님의 말씀입니다. 모든 피조물 중에서 인간만 언어가 있습니다. 왜 사람만 말을 합니까? 그것은 인간이 하나님의 형상대로 만들어졌기 때문입니다.

하나님은 누구십니까? 하나님은 말씀이십니다.

태초에 말씀이 계시니라. 이 말씀이 하나님과 함께 계셨으니 이 말씀은 곧 하나님이시라.

말씀이 육신이 되어 우리 가운데 거하시매.

하나님은 말씀이시기 때문에 하나님의 형상대로 만들어진 인간만이 말을 하는 것입니다.

말씀이 하나님이기 때문에 인간에게 있어서 가장 중요한 것은 물질이 아니라 하나님의 말씀인 것입니다. 그래서 인간은 말씀에 최고의 가치를 두어야 합니다.

가치 타락

에덴동산에서 인간에게 가르치신 것은 선악과를 따먹지 말라는 하나님의 말씀입니다. 하나님의 말씀에 최고의 가치를 두고 살라는 명령입니다.

그런데 사탄이 찾아와서 선악과를 따먹으라고 합니다. 물질에 최고의 가치를 두라는 말입니다.

하와는 하나님의 말씀에 최고의 가치를 두었다가 물질로 최고의 가치를 옮깁니다. 나는 이것을 가치 타락이라고 부르고 싶습니다. 하와가 하나님을 버린 것이 아니라 가치를 바꾼 것입니다. 이것이 죄입니다.

최고의 전략

우리도 마찬가지입니다. 하나님을 믿습니다. 교회도 나옵니다. 봉사도 합니다. 이것도 중요합니다. 그러나 이것보다 더 중요한 것은 최고의 가치가 어디에 있느냐? 하는 것입니다.

여러분의 가치는 떡에 있습니까? 하나님의 말씀에 있습니까?

기억하십시오. 하나님의 말씀은 하늘로부터 온 것이요, 물질은 땅으로부터 온 것입니다.

하늘로부터 온 하나님의 말씀에 최고의 가치를 두고 사는 사람은 하늘 사람이고, 땅에서부터 온 물질에 최고의 가치를 두고 사는 사람은 땅의 사람입니다.

예수님에 대한 사탄의 시험은 땅의 사람이 되라는 시험입니다. 땅의 사람은 구세주가 될 수 없습니다. 그러므로 이 시험은 예수님의 사역을 무력화하기 위한 사탄의 최고의 전략입니다.

예수님은 이것을 아셨습니다. 그래서 시험하는 마귀를 향해 이렇게 말씀하신 것입니다.

사람이 떡으로만 살 것이 아니요 하나님의 입으로부터 나오는 모든 말씀으로 살 것이니라.

여러분은 하늘 사람입니까? 땅의 사람입니까?

땅의 사람은 물질에 최고의 가치를 두고 물질만 좇고, 물질만 사랑합니다. 이런 사람에게 물질을 주면 죄를 짓습니다. 그래서 땅의 사람은 불행하게 되어 있습니다.

그러나 하늘사람은 말씀에 최고의 가치를 둔 사람입니다. 하나님이 말씀하시면 즉시 순종, 기쁘게 순종, 온전하게 순종합니다. 그래서 행복한 사람, 축복의 사람이 됩니다.

하나님의 말씀이 더 좋다

하나님의 사람들은 하나님의 말씀에 최고의 가치를 둔 사람입니다. 시편 119편 기자는 하나님의 말씀에 최고의 가치를 둔 사람입니다. 그래서 그는 이렇게 고백합니다. 시편 119편 7절 말씀입니다.

주의 입의 법이 내게는 천천 금은보다 더 승하나이다.

이 말씀을 풀어서 고백하면 은 백만 개와 금 백 만개보다 내게 있어서는 하나님의 말씀이 더 좋다는 말입니다. 내게는 하나님의 말씀보다 더 가치 있는 것이 없다는 말입니다. 시편 119편 103절 말씀입니다.

주의 말씀의 맛이 내게 어찌 그리 단지요! 내 입에 꿀보다 더 하나이다.

이 세상에서 하나님의 말씀보다 더 맛있는 것이 없다. 하나님의 말씀이 내게 있어서 최고의 가치라는 말입니다. 말씀에 최고의 가치를 두었다는 말은 단순히 기록된 성경에 최고의 가치를 두었다는 말이 아닙니다. 말씀이신 하나님께 최고의 가치를 두었다는 말씀입니다.

하나님보다 더 중요한 것이 없다. 하나님보다 더 귀한 것이 없다. 하나님보다 더 사랑하는 것이 없다는 말씀입니다.

이용도 목사의 고백

주님께 최고의 가치를 둔 이용도 목사님의 고백입니다.

"오, 나의 인생의 맛이 되시는 예수 그리스도여!

가난하든지 부하든지 주님만 계시옵소서.

병들든지 건강하든지 주님만 계시옵소서.

욕을 받거나 칭찬을 받거나 주님만 계시옵소서.

고생스럽거나 평안하거나 주님만 계시옵소서.

살거나 죽거나 주님만 계시옵소서.

세상으로 더불어 웃는 생활보다 주님과 더불어 우는 것이 더 맛있습니다.

세상으로 더불어 잘 먹는 것보다 주님과 함께 굶는 것이 더 복됩니다.

세상과 친하여 비단 옷에 쌓이는 것보다 주님과 친하여 헌옷 입는 것이 영광입니다.

주님 한 분을 얻음으로 나는 모든 것을 얻었사오니 주님은 나의 총 재산이요 나의 모든 것이로소이다." 아멘.

무슨 말입니까? 당신만이 나의 최고입니다. 당신만이 나의 최고의 가치입니다 라는 말입니다.

하와는 하나님께 최고의 가치를 두었다가 선악과로 최고의 가치를 옮겼습니다. 이것이 사탄이 하는 일입니다. 이것이 가치타락입니다.

돈이 아무리 중요해도 하나님보다 더 중요하면 안 됩니다. 돈이 아무리 가치가 있어도 하나님보다 더 가치가 있으면 안 됩니다.

하나님은 우리의 모든 것이 되십니다. 하나님은 우리의 최고가 되십니다. 하나님은 우리의 왕이 되십니다. 하나님은 우리의 주인이 되십니다.

가치를 이동하라

하나님보다 물질에, 하나님보다 세상에 더 가치를 두었다고 한다면, 물질에서 하나님으로 가치를 이동시켜야 합니다. 세상에서 신령한 것으로 가치를 이동시켜야 합니다. 마태복음 19장 6절에 보면 부자 청년이 예수님께 찾아와서 "예수님 어떻게 해야 영생을 얻을 수 있습니까?" 하고 묻습니다.

예수님은 이렇게 대답했습니다. "재산을 다 팔아 가난한 사람에게 나누어 주고 너는 나를 좇으라." 무슨 말씀입니까?

재산이라는 가치와 예수님이라는 가치에 대해서 한 말씀입니다. 부자 청년은 재산에 가치를 두었기 때문에 예수란 가치를 택하지 않았습니다. 물질에 최고의 가치를 둘 것이냐? 예수님께 최고의 가치를 둘 것이냐? 여러분은 어느 쪽이십니까?

4. 가치 변화

5 이에 마귀가 예수를 거룩한 성으로 데려다가 성전 꼭대기에 세우고
6 이르되 네가 만일 하나님의 아들이어든 뛰어내리라 기록되었으되 그가
너를 위하여 그의 사자들을 명하시리니 그들이 손으로 너를 받들어 발이
돌에 부딪치지 않게 하리로다 하였느니라
7 예수께서 이르시되 또 기록되었으되 주 너의 하나님을 시험하지 말라
하였느니라 하시니

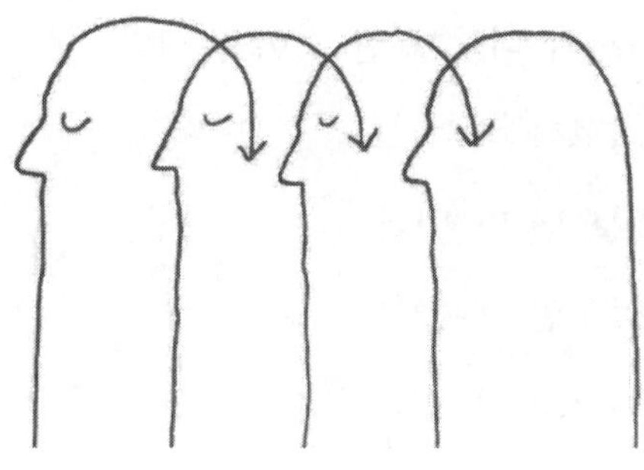

돈이 최고

아담과 하와는 하나님께 가치를 두었다가 물질로 가치를 옮깁니다. 이것을 가치 타락이라고 합니다. 가치 타락이 범죄입니다. 가치 타락이란 범죄가 인류를 불행하게 했습니다.

아담과 하와를 찾아왔던 마귀는 동일하게 예수님을 찾아와서 물질에 최고의 가치를 두라고 유혹합니다.

'하나님보다 더 중요한 것이 돈이다.'

'돈이 최고다.'

'돈만 있으면 다 된다.'

'돈만 있으면 행복하다.'

'돈에 최고의 가치를 두라.'

이것이 첫 번째 사탄의 유혹이었습니다.

위험한 꼭대기

마태복음 4장 5절 말씀입니다.

이에 마귀가 예수를 거룩한 성으로 데려다가 성전 꼭대기에 세우고.

마귀가 예수님을 거룩한 성으로 데리고 갔습니다. 여기서 거룩한 성은 예루살렘 성전을 가리킵니다.

마귀는 예수님을 성전으로 데리고 가서 성전 꼭대기에 세웠습니다. 성전 꼭대기는 예루살렘 성전의 남쪽 망대를 말하는 것입니다. 이 남쪽 망대 밑에는 깊고 험한 여호사밧 골짜기가 있었습니다.

남쪽 망대에서 내려다 본 여호사밧 골짜기에 대해서 요세푸스는 이런 기록을 남겼습니다.

"그 골짜기는 깊고 밑창은 위에서 보이지 않았는데

그 위에 성전의 높은 망대가 섰으니 그 성전 꼭대기에서 밑을 바라보는 자는 현기증을 느꼈다.”

요세푸스의 증언에 의하면 예수님을 데리고 간 성전 꼭대기가 얼마나 높았는지를 짐작할 수 있습니다.

여기서 묵상해야 할 말씀은 ‘성전 꼭대기에 세우고’입니다. 이것은 사탄의 중요한 전략입니다. 나는 사탄의 이 전략을 ‘꼭대기 전략’이라고 표현하고 싶습니다.

사탄은 우리를 꼭대기로 데리고 갑니다. 꼭대기는 위험한 곳입니다. 그런데도 사람들은 꼭대기를 좋아합니다. 왜 꼭대기를 좋아하는지 아십니까? 사탄의 영향력 때문입니다.

누가 꼭대기를 좋아합니까? 사탄입니다.

꼭대기로 올라가면

이사야 14장에 보면 루시퍼Lucifer가 타락하여 마귀가 되는 장면이 기록되어 있습니다. 이사야 14장 14절에서 루시퍼가 이렇게 말합니다.

나는 저 구름 꼭대기 위에 올라가 가장 높으신 분처럼 되리라.

　루시퍼가 구름 꼭대기 위에 올라가겠다고 합니다.
　이사야 14장 13절에서는 루시퍼가 이렇게 말합니다.

내가 하늘에 올라 뭇별 위에 내 자리를 높이리라.

　'뭇별 위에'라는 말은 모든 별의 꼭대기라는 말입니다. 이처럼 마귀는 꼭대기를 좋아합니다. 마귀는 꼭대기를 좋아하기 때문에 우리를 꼭대기로 데리고 갑니다.

　기억하십시오. 꼭대기는 위험한 곳입니다. 루시퍼는 꼭대기에 올라갔다가 떨어졌습니다. 성경은 스올의 밑바닥에 떨어졌다고 합니다. '유명'에 가치를 두면 떨어집니다. '인기'에 가치를 두면 불행해집니다. 마귀는 사람들을 향해서 계속해서 메시지를 보냅니다.
　'너는 영웅이 되라.'

'너는 꼭대기를 정복하라.'

'너는 인기에 최고의 가치를 두라.'

왜 꼭대기로 올라가라고 하는 것입니까? 꼭대기로 올라가면 인간이 불행하기 때문입니다.

밀어버림

창세기 11장에 보면 사람들은 시날 평지에서 바벨탑을 쌓습니다. 이들이 바벨탑을 쌓으면서 뭐라고 하는지 아십니까? 창세기 11장 14절 말씀입니다.

성과 대를 쌓아 꼭대기를 하늘에 닿게 하여 우리의 이름을 내고.

이 말씀을 풀어서 말씀드리면 '하늘만큼 높은 꼭대기에 우리의 이름을 두자'입니다. 이름에 최고의 가치를 두자는 말입니다. 인기에 최고의 가치를 두자는 말입니다.

어떻게 되었습니까?

하나님께서 밀어버리셨습니다.

하나님의 자리

호세아 13장 1절 말씀에 보면 '에브라임'이라는 사람이 나오는데 에브라임에 대해서 이렇게 기록하고 있습니다.

그가 이스라엘 중에서 자기를 높이더니.

에브라임은 자기를 높이는데 최고의 가치를 두었습니다. 어떻게 되었습니까? 성경은 그가 망했다고 기록하고 있습니다.

기억하십시오. 꼭대기는 우리의 자리가 아닙니다. 꼭대기는 하나님의 자리입니다. 그래서 누가는 이렇게 고백합니다.

가로되 찬송하리로다. 주의 이름으로 오시는 왕이여, 하늘에는 평화요
가장 높은 곳에서는 영광이로다.

하늘 가장 높은 자리, 높은 꼭대기는 하나님의 자리
란 말입니다.

낮은 자리에 오심

성육신Incarnation하신 예수님은 이것을 우리에게 철저
하게 가르치셨습니다. 몸으로 가르치셨습니다. 빌립보
서 2장 6~7절 말씀입니다.

그는 근본 하나님의 본체시나 하나님과 동등 됨을 취할 것으로 여기지
아니하시고 오히려 자기를 비어 종의 형체를 가지사 사람들과 같이 되
셨고.

하나님이 사람의 자리에 오셨습니다. 하나님이 종의
자리에 오셨습니다. 하나님이 말구유에 오셨습니다.

하나님이 가장 천하고 가난한 목수의 집에 오셨습니다. 예수님은 꼭대기에 오시지 않고 골짜기에 오셨습니다.

마가복음 10장 45절 말씀입니다.

인자의 온 것은 섬김을 받으려 함이 아니라 도리어 섬기려 하고 자기 목숨을 많은 사람의 대속물로 주려 함이니라.

예수님은 이 땅에 섬김을 받는 높은 자리에 오시지 않으셨습니다. 꼭대기에 오시지 않으셨습니다. 섬기는 자리에 오셨습니다. 죽는 자리에 오셨습니다. 가장 낮은 자리에 오셨습니다.

잔치의 상석

성경을 보면 유독 꼭대기를 좋아하는 사람들이 있었습니다. 바리새인들과 서기관들이었습니다. 누가복음

20장 46절 말씀입니다.

긴 옷을 입고 다니는 것을 원하며 시장에서 문안 받는 것과 회당의 상좌
와 잔치의 상석을 좋아하는 자들을 삼가라.

긴 옷을 입고 다니는 것이 무엇입니까?

폼 잡는 것입니다. 잘난 척 하는 것입니다. 꼭대기입니다. 시장에서 문안 받는 것이 무엇입니까? 꼭대기입니다. 회당에서 높은 자리에 앉는 것이 무엇입니까? 꼭대기입니다. 잔치의 상석이 무엇입니까? 높은 자리입니다.

바리새인과 서기관들은 높은 자리, 즉 꼭대기를 좋아하는 자들입니다. 그래서 예수님께서는 마가복음 12장 39절에서 "회당의 상좌와 잔치의 상석을 원하는 서기관들을 삼가라"고 하십니다. 꼭대기를 좋아하는 서기관들을 삼가라는 말씀입니다. 꼭대기에 최고의 가치를 두지 말라는 말씀입니다.

조니 케쉬

    1960년대에 세계적으로 유명했던 컨트리 포크송 가수 '조니 케쉬'라는 가수가 있었습니다. 대단한 인기를 가진 가수였습니다. 최고의 관객을 동원한 가수였습니다. 그런데 그가 음반판매 세계 최고를 기록했을 때 그는 아편 중독자가 되어 있었고, 방탕아가 되어 있었습니다. 그러던 어느 날 우연히 자기 고향을 지나가다가 예배에 참석해서 주님을 만났습니다. 그 후 그는 완전한 새사람이 되었습니다. 교도소로 다니며 찬양하는 사람이 되었습니다. 그는 꼭대기에서 내려 왔습니다. 교도소로 내려 왔습니다. 그는 이렇게 말했습니다.

    "나는 내 인생의 꼭대기에 있을 때가 가장 위험한 때였습니다."

꼭대기에 주님 모시기

기억하십시오. 사탄은 우리에게 꼭대기에 최고의 가치를 두라고 합니다. 그러나 예수님은 골짜기에 최고의 가치를 두라고 합니다.

골짜기에는 물이 있고 풀이 있습니다. 골짜기에는 축복이 있고 행복이 있습니다. 우리의 사명은 꼭대기에 주님을 모시는 것입니다. 주님의 이름을 꼭대기에 두는 것입니다.

바울은 주님의 이름을 꼭대기에 두는 일에 최고의 가치를 두었습니다. 그래서 바울은 고린도교회를 향해 이렇게 권면합니다. 고린도전서 10장 31절 말씀입니다.

그런즉 너희가 먹든지 마시든지 무엇을 하든지 주의 영광을 위해서 하라.

주님의 영광을 위해서 먹고 주님의 영광을 위해서 마시라는 말씀입니다.

변화가 무엇인지 아십니까? 꼭대기에서 내려오는 것입니다. 꼭대기에 둔 가치를 골짜기로 옮기는 것입니다. 꼭대기에 있는 물질을 십자가에 내려놓는 것입니다. 꼭대기에 있는 내 이름을 십자가 밑에 내려놓는 것입니다.

바울은 예수님이란 가치를 만난 후 빌립보서 3장에서 꼭대기에 있던 자신을 이렇게 고백합니다.

"나는 난지 팔일 만에 할례를 받은 자다. 나는 최고의 가문인 베냐민 지파 출신이다. 나는 히브리인 중의 히브리인이다."

무슨 말입니까? '나는 유명한 사람이었다. 나는 인기 있는 사람이었다.' 그 말입니다. 꼭대기에 최고의 가치를 두고 살았던 바울입니다. 이런 바울이 예수를 만나고 이렇게 고백합니다. 빌립보서 3장 7절 말씀입니다.

무엇이든지 내게 유익하던 것을 내가 그리스도를 위하여 다 해로 여길 뿐더러.

꼭대기에 있는 내 이름을, 내 유명을, 내 인기를, 십자가 밑에 내려놓겠다는 말씀입니다. 빌립보서 3장 8절 말씀입니다.

또 모든 것을 해로 여김은 내 주 그리스도 예수를 아는 지식이 가장 고상함을 인함이라. 내가 그를 위하여 모든 것을 잃어버리고 배설물로 여김은.

무슨 말씀입니까? 꼭대기 위에 있는 나의 자랑을 십자가 밑에 내려놓겠다는 말씀입니다. 나의 유명, 나의 인기를 배설물로 여기겠다는 말씀입니다. 인생의 꼭대기에 그리스도의 이름을 두겠다고 결정합니다. 가치 변화입니다. 가치 이동입니다. 내 이름, 내 인기에 최고의 가치를 두었다가 예수 그리스도의 이름으로 최고의 가치를 이동한 것입니다.

주님의 이름 꼭대기에 두기

우리의 사명은 주님을 유명하게 하는 것입니다. 주님의 인기를 높이는 것입니다. 그래서 예수님은 이렇게 말씀합니다. "너희는 세상의 소금이니" 우리가 세상의 소금이 될 때 주님의 이름이 높아집니다.

"너희는 세상의 빛이니" 우리가 세상의 빛이 될 때 주님이 유명해집니다. 그렇습니다. 교회의 꼭대기에도 주님의 이름이 있어야 됩니다. 가정의 꼭대기에도 주님의 이름이 있어야 됩니다. 우리 자신의 꼭대기에도 주님의 이름이 있어야 됩니다.

5. 으뜸 가치

마태복음 22:35~40

35 그 중의 한 율법사가 예수를 시험하여 묻되
36 선생님 율법 중에서 어느 계명이 크니이까
37 예수께서 이르시되 네 마음을 다하고 목숨을 다하고 뜻을 다하여 주 너의 하나님을 사랑하라 하셨으니
38 이것이 크고 첫째 되는 계명이요
39 둘째도 그와 같으니 네 이웃을 네 자신 같이 사랑하라 하셨으니
40 이 두 계명이 온 율법과 선지자의 강령이니라

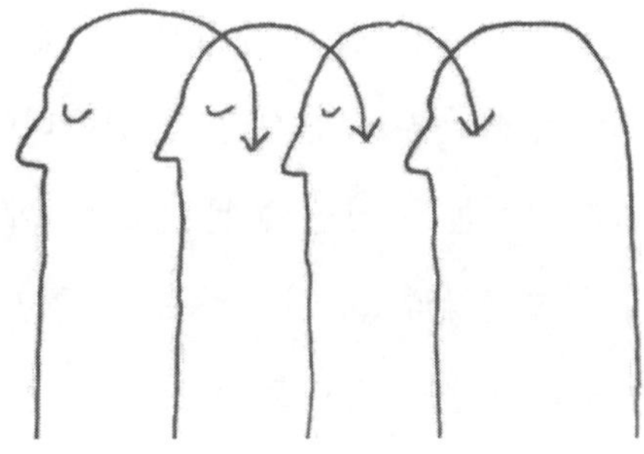

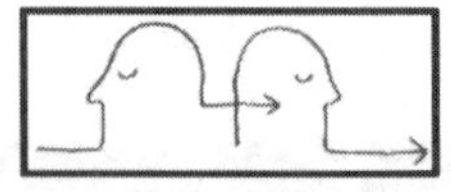

헐몬 산 시험

마태복음 4장 8절 이하에 보면 마귀가 예수님을 시험하는 세 번째 장면이 나옵니다.

마귀는 예수님을 지극히 높은 산으로 데리고 갑니다. 지극히 높은 산은 헐몬 산을 가리키는데 헐몬 산은 사시사철 백설이 덮여 있는 산입니다. 헐몬 산의 높이는 2,850m입니다. 백두산의 높이가 2,774m이니까 헐몬 산이 얼마나 높은지를 짐작할 수 있습니다.

백두산보다 더 높은 산인 헐몬 산으로 예수님을 데리고 가서 천하만국과 그 영광을 보여 주면서 마귀에게 절하면 모든 것을 주겠다고 합니다.

마귀가 예수님께 보여 준 천하만국이 무엇입니까? 세상입니다.

세상이 무엇입니까? 마귀가 최고의 가치를 두고 있는 것입니다. 그래서 예수님은 "사탄아 물러가라" 호통을 치시면서 세상이란 가치를 거절하신 것입니다. 사탄은 끊임없이 우리에게 세상을 사랑하라고 합니다. 세상가치를 따르라고 합니다.

'세상이 얼마나 멋있냐?' '세상이 얼마나 달콤하냐?' '세상이 최고의 가치다.' '세상을 사랑하라'고 유혹합니다. 왜 세상을 사랑하라고 유혹합니까?

세상을 사랑하는 것이 사탄을 사랑하는 것이기 때문입니다. 예수님은 요한일서 2장 15절에서 이렇게 말씀하셨습니다.

이 세상이나 세상에 있는 것들을 사랑하지 말라. 누구든지 세상을 사랑하면 아버지의 사랑이 그 속에 있지 아니하니.

요한일서 2장 16절에서는 세상을 사랑하는 것이 무엇인지 구체적으로 가르쳐 주고 있습니다.

그것은 육신의 정욕과, 안목의 정욕과 이생의 자랑입니다. 이것이 세상 가치입니다.

몰래 먹는 떡

육신의 정욕이 무엇입니까?

죄악 된 욕망입니다. 죄악 된 쾌락입니다. 죄악 된 쾌락은 사탄의 가치입니다. 마귀는 죄악 된 쾌락으로 성도들을 무차별 공격합니다.

마약하고 있는 분들이 있습니다. 이것은 죄악 된 쾌락입니다. 순간은 즐겁습니다. 순간은 붕붕 뜹니다. 이게 마귀입니다. 결국은 망합니다.

불륜관계에 있는 분들이 있습니다. 이것은 죄악 된 쾌락입니다. 남의 떡이 맛있습니다. 몰래 먹는 떡이 맛있습니다. 마귀입니다.

기억하십시오. 맛있다고 먹으면 망합니다.

낚시 밥

채팅을 즐기는 분들이 있습니다. 음란한 대화를 즐기는 분들이 있습니다. 재미있겠지요. 환상적이겠지요.

기억하십시오. 낚시 밥입니다. 낚시 밥의 특징은 맛입니다. 맛있다고 물면 걸립니다. 어떻게 됩니까? 냄비 속으로 들어갑니다.

마귀는 달콤한 낚시 밥으로 성도들을 유혹합니다. 에덴동산에 찾아 온 마귀는 '하나님처럼 된다'는 낚시 밥으로 하와를 유혹했습니다.

기억하십시오. 유혹할 때는 맛있는 낚시 밥이지만 물리면 망합니다. 이런 말이 있습니다.

"낚아 올린 고기는 낚시 밥을 주지 않는다."

맛있다고 먹지 마십시오. 먹고 나면 불행입니다. 저주

입니다. 그래서 하나님의 사람은 이렇게 노래합니다.

"세상 즐거움 다 버리고 세상 자랑 다 버렸네. 주 예수보다 더 귀한 것은 없네. 예수 밖에는 없네."

세상 즐거움을 버리십시오. 세상 쾌락을 버릴 때 하나님이 나의 즐거움이 되는 것입니다. 세상 즐거움, 세상 가치를 버리지 않은 한 하나님은 여러분의 기쁨이 될 수 없습니다. 하나님은 여러분에게 시시할 것입니다.

일등 가치

한 율법사가 예수님을 찾아와서 시험을 합니다.

무슨 시험입니까? 가치시험입니다.

율법사의 가치시험이 무엇입니까?

"선생님 율법 중에서 어느 계명이 더 큽니까?"하는 것입니다. 유대인들에게는 613개의 계명이 있습니다. 그 중에 365개는 부정적인 계명으로 '하지 말라'는 계명입니다. 그리고 248개는 긍정적인 계명으로 '하라'

는 계명입니다. 유대 율법사들은 시간만 있으면 모여서 어느 계명이 더 중요하고 어느 계명이 덜 중요한지를 토론했습니다. 그래서 율법사가 예수님께 나와서 "선생님 어느 계명이 더 큽니까?"라고 질문을 했던 것입니다.

예수님께서 이렇게 말씀하셨습니다.

"네 마음을 다하고, 목숨을 다하고, 뜻을 다하여, 주 너의 하나님을 사랑하라 하셨으니 이것이 크고 첫째 되는 계명이다."

첫째 되는 계명이 무엇입니까?

하나님을 사랑하는 것입니다. 이 말을 다르게 표현하면 첫째 되는 가치는 '하나님을 사랑하는 것'이라는 말입니다. 하나님을 사랑하는 것이 첫째 가치, 일등 가치, 최고 가치, 으뜸 가치라는 말입니다.

'하나님을 사랑하라'는 최고의 가치에 마음을 다하고 목숨을 다하고 뜻을 다하라고 합니다.

사랑은 돈

사람은 두 가지를 성공해야 합니다. 첫째는 믿는 일에 성공해야 합니다.

주 예수를 믿으라. 그리하면 너와 네 집이 구원을 얻으리라.

믿어야 구원을 받기 때문입니다. 믿어야 천국에 갈 수 있기 때문입니다. 이 일에 실패하면 지옥 갑니다. 영원한 저주를 받습니다.

둘째는 믿었으면 하나님을 사랑해야 합니다.

남자와 여자가 결혼을 합니다. 결혼하는 것으로 끝나면 안 됩니다. 결혼했으면 사랑해야 됩니다. 많은 사람들이 결혼을 해서 부부는 됐는데 사랑은 안 합니다.

학생이 학교에 갑니다. 학교만 가면 안 됩니다. 학교에 갔으면 공부를 해야 합니다. 우리도 마찬가지입니다.

하나님을 믿는 일에는 성공하고 하나님을 사랑하는

일에 실패한다면 불행한 그리스도인입니다. 사랑하는 것이 중요합니다. 사랑은 믿음의 완성입니다.

사랑이 무엇입니까?

얼마 전에 성경을 보다가 사랑에 대한 묵상을 하는데 사랑에 대해서 하나님이 이렇게 가르쳐 주셨습니다.

"사랑은 돈이다."

"사랑은 시간이다."

가난한 신학생 때 교제하던 여자 친구가 있었습니다. 돈이 없어서 여자 친구를 못 만난 적이 단 한 번도 없습니다. 호주머니에 돈이 없으면 친구에게 돈을 빌려서 만나고 전당포에 카메라를 맡겨놓고 돈을 빌려 만난 일도 있습니다. 사랑하면 돈이 있습니다. 사랑은 돈을 주는 것입니다. 사랑은 돈을 쓰는 것입니다.

교회에서의 헌금이 왜 중요한지 아십니까?

하나님이 돈이 없어서 헌금제도를 만든 것이 아니라, 하나님이 사랑을 받기 위해서 헌금제도를 만든 것입니다. 헌금시간은 돈을 드리는 것이 아닙니다. 나의 사랑을 하나님께 드리는 시간입니다.

돈에 최고의 가치를 둔 사람들은 돈을 모으기 위해서 돈을 법니다. 그러나 하나님께 최고의 가치를 둔 사람들은 쓰기 위해서 돈을 법니다. 가치 있는 일에 헌신하기 위해서 돈을 법니다.

하나님을 만나기 전 마리아는 돈을 모으는 일에 최고의 가치를 두었습니다. 돈이 생기면 향유를 사서 많은 향유를 모았습니다. 그런데 예수님을 만나고 나서 그 향유를 깨뜨려 예수님의 머리에 부었습니다.

마리아가 향유를 드린 것입니까? 맞습니다.

그러나 더 정확한 정답은 이것입니다. 예수님께 최고의 사랑을 드린 것입니다. 마리아의 최고의 가치는 돈이 아니라 예수님을 사랑하는 것이었습니다.

저는 어려운 성도들을 보면 돈을 주고 싶습니다. 없어서 못 주면 마음이 괴롭습니다. 얼마 전에 400만원이 생겼습니다. 그날 저녁에 너무나 좋아 흥분이 되어 잠을 못 잤습니다. 다음날 400만원을 다 나누어 주었습니다.

사랑은 돈입니다. 십일조는 돈이 없어서 못하는 것이 아닙니다. 하나님을 사랑하지 않기 때문에 못하는 것입니다. 사랑하면 돈이 아깝지 않습니다. 사랑하면 돈을 주는 것입니다.

사랑은 시간

또 사랑은 시간입니다. 시간이 없는 것은 사랑하지 않기 때문입니다. 사랑하면 시간이 있습니다. 시간이 없어서 바빠서 연애를 안 하는 것이 아닙니다. 사랑하는 사람이 없어서 시간이 없는 것입니다. 사랑하면 시간이 너무 많습니다.

여러분, 하나님을 사랑하십니까?

하나님을 사랑하면 하나님께 드릴 돈이 있습니다. 하나님께 드릴 시간이 많습니다.

바빠서 교회 출석 잘 못하는 것이 아닙니다. 바쁘다

고 아기 못 낳는 사람 봤습니까?

하나님을 사랑하는 일에 최고의 가치를 두지 않기 때문에 드릴 돈이 없고 드릴 시간이 없는 것입니다.

하나님은 우리에게 이렇게 말씀합니다.

"하나님을 사랑하는 것이 첫째 계명이다. 첫째 가치다. 일등 가치다. 최고의 가치다. 으뜸 가치다."

그러므로 우리는 마음을 다해서 하나님을 사랑해야 합니다. 목숨을 다해서 하나님을 사랑해야 합니다. 뜻을 다해서 하나님을 사랑해야 합니다.

하나님을 사랑하는 일에 우리의 인생을 바치십시다. 이것이 최고의 가치입니다.

6. 가치 행위

27 대답하여 이르되 네 마음을 다하며 목숨을 다하며 힘을 다하며 뜻을 다하여 주 너의 하나님을 사랑하고 또한 네 이웃을 네 자신 같이 사랑하라 하였나이다

28 예수께서 이르시되 네 대답이 옳도다 이를 행하라 그러면 살리라 하시니

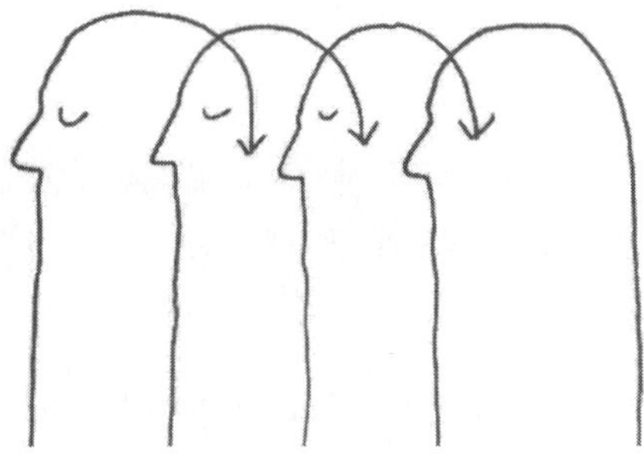

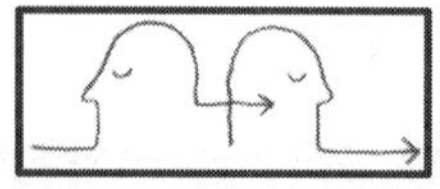

하나님께서 우리에게 주신 가장 가치 있는 것을 세 가지로 요약하면 첫째는 생명입니다.

생명은 부모님이 주신 것이 아니라, 부모님을 통해 하나님이 주신 것입니다. 이 생명이 얼마나 귀한 것인지 성경은 생명의 가치에 대해서 이렇게 말씀합니다. 마태복음 16장 26절 말씀입니다.

사람이 만일 온 천하를 얻고도 제 목숨을 잃으면 무엇이 유익하리요. 사람이 무엇을 주고 제 목숨과 바꾸겠느냐?

천하보다 더 가치 있는 것이 생명이라고 합니다. 이 세상에서 생명보다 더 가치 있는 것이 없다는 말씀입니다.

믿음가치

둘째는 믿음입니다. 믿음은 우리의 의로 얻어진 것이 아닙니다. 믿음은 하나님이 주신 것입니다. 인간이 만든 가치가 아니라 하나님이 주신 가치입니다. 믿음은 영원한 것입니다. 믿음으로 구원받고 천국 갈 수 있으니 얼마나 귀한 가치입니까? 그래서 바울은 믿음은 선물이라고 합니다. 에베소서 2장 8절 말씀입니다.

너희가 그 은혜를 인하여 믿음으로 말미암아 구원을 얻었나니 이것이 너희에게서 난 것이 아니요 하나님의 선물이라.

하나님께서 선물로 주신 것이니 얼마나 가치 있는 것입니까?

사랑 가치

셋째로 하나님이 우리에게 주신 가장 가치 있는 것 중의 하나는 사랑입니다. 사랑은 가장 귀한 가치이고, 사랑은 가장 아름다운 가치입니다. 솔로몬은 사랑이 얼마나 아름다운지 이렇게 노래합니다. 아가서 7장 6 절 말씀입니다.

사랑아, 네가 어찌 그리 아름다운지 어찌 그리 화창한지, 쾌락하게 하는 구나.

도치법을 두 번이나 써서 사랑의 아름다움을 노래하고 있습니다. 사랑은 인생의 노래요, 인생의 목적이요, 인생의 행복입니다.

모든 책의 주제도 사랑입니다. 연속극의 주제도 사랑입니다. 영화의 주제도 사랑입니다. 하나님께서 왜 우리에게 사랑을 주셨습니까? 우리의 행복을 위해서입니다. 인간은 사랑할 때만 행복합니다. 물질 때문에 행복한 사람 아무도 없습니다. 학벌 때문에 행복한 사람 아무도 없습니다. 사랑이 있는 곳에만 행복이 있고 사랑할 때만 행복합니다.

짐승의 사랑

천국이 어떤 곳입니까? 사랑이 있는 곳입니다.

지옥이 어떤 곳입니까? 사랑이 없는 곳입니다.

천국은 사랑이 있어 행복한 곳이고, 지옥은 사랑이 없어 불행한 곳입니다.

하나님께서 우리에게 사랑만 준 것이 아니라 사랑의 능력까지 주셨습니다.

동물에게는 본능적인 사랑이 있지만 사랑의 능력은 제한적입니다. 짐승은 자기 새끼밖에 사랑하지 않습니다.

우리 교회 옥상에 올라가면 진돗개가 꼬리를 흔들고 좋아합니다. 이것은 주인을 사랑하는 것이 아니라 주인을 좋아하는 행동입니다.

이처럼 짐승은 자기 새끼만 사랑할 수 있는 아주 작은 사랑의 능력을 가지고 있습니다.

사람의 사랑

그러나 사람은 모든 것을 사랑할 수 있습니다.

사람은 동물을 사랑합니다. 집에서 개와 함께 살면서 개를 얼마나 사랑하는지 모릅니다.

사람은 음악도 사랑합니다. 클래식도 사랑하고, 찬송가도 사랑합니다. 어떤 사람은 노래에 대해서 이렇게 말했습니다.

"노래는 내 인생의 행복이다."

사람은 음악 사랑을 통해서 행복을 느낍니다. 사람은 자연도 사랑하고 미술도 사랑합니다. 하나님은 우리가 미술을 사랑할 능력도 주시고, 사람을 사랑할 능력도 주시고, 하나님을 사랑할 능력도 주셨습니다.

왜 우리에게 사랑의 능력이 있는 것입니까?

그것은 우리가 하나님의 형상대로 지음을 받았기 때문입니다.

인생의 목적

하나님은 어떤 분이십니까? 하나님은 사랑이십니다. 요한일서 4장 8절 말씀입니다.

사랑하지 아니 하는 자는 하나님을 알지 못하나니 하나님은 사랑이심이라.

그렇습니다. 하나님은 사랑이십니다. 그러므로 하나님의 형상대로 만들어진 인간에게는 사랑할 능력이 있습니다. 하나님께서 사랑할 능력을 주신 목적이 무엇입니까?

우리의 행복을 위해서입니다. 자연을 사랑할 때 행

복을 느끼고, 문화를 사랑할 때 행복하고, 사람을 사랑
할 때 행복하고, 하나님을 사랑할 때 행복합니다.

인생의 목적이 무엇인지 아십니까?

그것은 사랑하는 것입니다. 일하는 것, 돈 버는 것이
인생의 목적이 아니라 사랑이 인생의 목적입니다. 사
랑하기 위해서 돈 버는 것입니다. 돈은 사랑의 도구입
니다.

돈이 중요한 이유는 돈이 사랑의 도구요, 사랑의 표
현이기 때문입니다. 그래서 우리 인생의 최고의 가치
는 사랑입니다.

일등 가치는 하나님을 사랑하는 것이고, 이등 가치
는 이웃을 사랑하는 것입니다.

'하나님을 사랑하고 이웃을 사랑하는 것'이 최고의
가치입니다.

사랑 행하기

최고의 가치를 어떻게 해야 합니까?

누가복음 10장 27절에서는 '사랑'에 대해서 말씀하시고, 28절에서는 '행하라'고 하십니다.

사랑이 무엇입니까?

말하는 것이 아니라 행하는 것입니다. 성경은 사랑을 말하라고 하지 않고 행하라고 합니다. 사랑을 행하면 어떻게 됩니까?

"이를 행하라 그리하면 살리라." 'if then'의 계약입니다. 사랑을 행하면 산다는 것입니다. '산다'는 말은 '제세'zese입니다. 이 말의 뜻은 '행복이 넘치는 삶' '활력이 넘치는 삶'을 말합니다. 사랑을 행하면 행복이 넘치는 삶을 주시겠다는 것입니다. 그러므로 사랑을 행해야 합니다.

사마리아 사람의 사랑

이것에 대해 예수님은 비유로 자세하게 말씀합니다.

강도를 만나서 죽어가는 사람이 있었는데, 세 사람이 강도 만난 사람을 보았다는 것입니다.

첫째 사람은 제사장입니다. '그를 보고 피하여 지나갔다.' 사랑을 행할 기회가 있었는데 행하지 않았다는 것입니다.

둘째 사람은 레위인입니다. '그를 보고 피하여 지나가되' 사랑을 행하지 않고 지나갑니다.

이 사건을 통해서 예수님이 말씀하시는 죄가 무엇입니까?

강도 만난 사람을 지나가는 것입니다. 사랑을 행하지 않는 것입니다. 여러분은 사랑을 행하십니까? 강도 만난 사람을 지나가면 안 됩니다. 사랑을 행해야 됩니다.

셋째 사람은 사마리아인입니다. 이 사람은 지나가지 않았고 사랑을 행했습니다. 어떻게 사랑을 행합니까?

"그를 보고 불쌍히 여겨"

사랑을 행하려면 꼭 필요한 것이 있습니다. 그것은 '불쌍히 여기는 마음'입니다. 불쌍히 여기는 마음이 무엇입니까? 아버지의 마음입니다. 왜 제사장이 그냥 지나갔습니까? 왜 레위인이 그냥 지나갔습니까? 아버지의 마음이 없었기 때문입니다.

사마리아 사람은 사랑을 행합니다. 아버지의 마음이 있었기 때문입니다. 마태복음 14장 14절 말씀입니다.

예수께서 나아오사 큰 무리를 보시고 불쌍히 여기사 그 중에 병인을 고쳐주시니라.

불쌍히 여기셨기 때문에 병자를 고쳐줍니다. 사랑을 행합니다. 마가복음 8장 2절 말씀입니다.

내가 무리를 불쌍히 여기노라. 저희가 나와 함께 있은지 이미 사흘이매 먹을 것이 없도다.

불쌍히 여기셨기 때문에 4,000명을 먹입니다. 사랑을 행합니다. 사랑을 행하고 싶습니까? 아버지의 마음을 구하십시오. 누가복음 10장 34절 말씀에 보면, 사마리아 사람이 강도 만난 사람을 구체적으로 사랑하는 모습이 나옵니다.

가까이 갑니다.

포도주를 상처에 붓습니다.

상처를 싸매어 줍니다.

짐승에 태워 주막으로 데리고 갑니다.

돌보아 줍니다.

사랑을 행하는 구체적인 행동의 표현입니다. 이웃사랑이란 최고의 가치를 실천하는 감동적인 모습입니다. 바울은 이것을 영적인 제사, 영적인 예배라고 했습니다.

사랑은 현실적

거룩이 무엇입니까? 사랑을 실천하는 것입니다.

영적인 예배가 무엇입니까? 사랑을 실천하는 것입니다. 선한 사마리아 사람은 누가복음 10장 35절에서 이렇게 말하고 있습니다. "비용이 더 들면 갚으리라."

사랑은 돈으로 하는 것입니다. 사랑은 현실적이고

구체적이어야 합니다. 사랑은 관념이 아니라 행동입니다. 사랑은 최고의 가치입니다. 사랑의 가치를 세상에 옮겨놓는 삶이 하나님이 원하시는 거룩한 삶입니다.

우리 사랑하십시다. 그리하면, 행복한 삶이 넘치게 될 것입니다.

4 너희 중에 어떤 사람이 양 백 마리가 있는데 그 중의 하나를 잃으면 아흔아홉 마리를 들에 두고 그 잃은 것을 찾아내기까지 찾아다니지 아니하겠느냐

5 또 찾아낸즉 즐거워 어깨에 메고

6 집에 와서 그 벗과 이웃을 불러 모으고 말하되 나와 함께 즐기자 나의 잃은 양을 찾아내었노라 하리라

7 내가 너희에게 이르노니 이와 같이 죄인 한 사람이 회개하면 하늘에서는 회개할 것 없는 의인 아흔아홉으로 말미암아 기뻐하는 것보다 더하리라

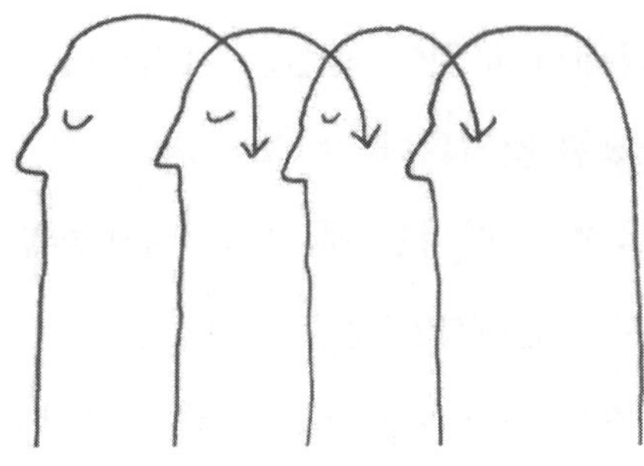

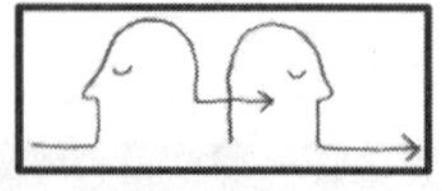

제자들의 관찰

'관심'이라는 말이 있습니다. 관심은 대단히 중요한 것입니다. 사람은 누구나 관심에 따라 행동하기 때문입니다.

관심은 방향이며 행동입니다. 사람은 관심이 있는 곳으로 가고, 관심이 있는 것을 행동으로 옮깁니다.

축구에 관심이 있는 사람은 축구를 생각하고 축구를 합니다. 그래서 무엇에 관심을 가지느냐? 하는 것은 대단히 중요한 것입니다.

예수님을 따라 다니던 예수님의 제자들의 관심이 무엇이었는지 아십니까? '높은 자리'였습니다. '예수님이 유대인의 왕이 되면 누가 높은 자리를 차지하느냐?' 하는 것이 제자들의 관심이었습니다.

마가복음 10장 37절 말씀입니다.

주의 영광중에서 우리를 하나는 주의 우편에, 하나는 좌편에 앉게 하여
주옵소서.

세배대의 아들 야고보와 요한이 예수님께 나와서 한
말입니다. 무슨 이야기입니까? 제자들의 관심은 예수
님이 왕이 될 때 높은 자리를 차지하는 것입니다. 제자
들은 예수님이 어디에 관심이 있는지를 몰랐습니다.

예수님의 관심은 섬김을 받는 것도 아니었습니다.
영광을 받는 것도 아니었습니다. 예수님의 관심, 유일
한 관심은 오직 '영혼구원' 이었습니다.

예수님의 핵심 가치

영혼을 구원하는 것은 예수님의 핵심 가치입니다.

예수님이 세상에 오신 목적이 무엇입니까? 요한복음 3장 16절 말씀입니다.

하나님이 세상을 이처럼 사랑하사 독생자를 주셨으니 이는 저를 믿는 자마다 멸망치 않고 영생을 얻게 하려 하심이니라.

예수님이 오신 목적은 영생입니다. 구원입니다. 인류 구원이 예수님의 핵심 가치입니다. 누가복음 19장 10절 말씀입니다.

인자의 온 것은 잃어버린 자를 찾아 구원하려 함이니라.

예수님의 오신 목적은 잃어버린 자를 찾아 구원하는 것입니다.

예수님의 이름 속에도

예수님의 핵심 가치는 예수님의 전 영역에 배어 있습니다. 예수님의 이름을 보십시오. '예수'Jesus라는 이름의 뜻은 '우리를 죄에서 구원할 자'입니다.

예수님의 직임을 보십시오. '그리스도'Christ가 무슨 뜻입니까? '기름 부음을 받은 자'입니다. 기름부음은 사명mission을 위해서 받는 것입니다.

예수님은 무슨 사명을 위해서 기름부음을 받습니까? '인류 구원'입니다. 이처럼 예수님의 이름 속에 예수님의 핵심 가치가 배어 있습니다.

핵심 가치를 따라

예수님께서 마귀에게 시험을 받으시고 공생애 첫 발을 내 디디면서 첫 번째로 외친 메시지가 무엇입니까? "회개하라, 천국이 가까이 왔느니라" 입니다.

예수님의 첫 번째 메시지는 당신의 핵심 가치를 선포하는 것입니다. 마가복음 1장 38~39절 말씀입니다.

이르시되 우리가 가까운 마을로 가자. 거기서도 전도하리니 내가 이를 위하여 왔노라 하시고 이에 온 갈릴리에 다니시며 그들의 여러 회당에서 전도하시고.

예수님이 오신 목적도 전도요, 예수님의 핵심 가치도 전도입니다. 예수님은 당시에 죄인의 대명사인 세리들을 찾아가셨고, 창기들을 찾아가셨습니다. 그래서 바리새인들과 서기관들은 예수님을 죄인의 친구라고 불렀습니다.

왜 예수님께서 죄인들을 찾아가십니까? 죄인들을 구원하시기 위해서입니다. 예수님은 핵심 가치를 따라 사신 분입니다.

예수 DNA

여러분의 핵심 가치는 무엇입니까?

핵심 가치를 설정하는 것은 대단히 중요합니다. 기

업에 있어서는 핵심 가치를 성공 DNA라고 합니다. 가
정에 있어서 핵심 가치는 주춧돌과 같은 것입니다.

성도들에게 있어서 핵심 가치는 신앙의 정체성과 같
은 것입니다.

예수님의 DNA, 예수님의 정체성, 예수님의 핵심 가
치는 인류 구원입니다. 잃어버린 영혼을 구원하는 것
입니다.

누가복음 15장에는 세 개의 비유가 기록되어 있습니
다. 세 개의 비유는 모두 잃은 것을 찾는 비유입니다.
잃은 양을 찾고, 잃은 드라크마를 찾고, 잃은 아들을
찾습니다. 이것이 무엇을 의미합니까?

목자에게 있어서 가장 중요한 것, 가장 가치 있는 것
은 양입니다. 목자의 핵심 가치는 양입니다. 부모에게
가장 중요하고 가치 있는 것은 아들입니다.

가장 중요한 양을 잃어 버렸습니다. 드라크마를 잃
어 버렸습니다. 아들을 잃어 버렸습니다. 잃은 양, 잃
은 드라크마, 잃은 아들이 무엇입니까?

잃어버린 영혼입니다. 예수님의 핵심 가치는 잃어버

린 영혼을 찾는 것입니다. 이 세 비유의 공통점이 있습니다. 그것은 잃은 것을 찾고 잔치를 벌이는 것입니다.

무슨 말씀입니까? 잃은 것을 찾는 것, 잃어버린 영혼을 찾는 것이 하나님의 가장 큰 기쁨이라는 것입니다. 잃어버린 영혼을 찾는 것이 예수님의 핵심 가치이기 때문입니다.

별의 영광

다니엘 12장 3절 말씀입니다.

많은 사람을 옳은 데로 돌아오게 한 자는 별과 같이 영원토록 비치리라.

잃어버린 영혼을 구원한 사람에게 별의 영광을 주겠다는 것입니다. 별의 영광은 최고의 영광입니다. 왜 잃어버린 영혼을 구원한 사람에게 최고의 영광을 줍니까?

이것이 하나님의 핵심 가치이기 때문입니다. 요한복

음 15장 13절에서 예수님은 이렇게 말씀하셨습니다.

사람이 친구를 위하여 목숨을 버리면 이에서 더 큰 사랑이 없느니라.

　여기서, '이에서 더 큰 사랑이 없다'는 말씀은 가장 큰 사랑이라는 말입니다. 가장 큰 사랑이 무엇입니까? 친구를 위하여 목숨을 버리는 것입니다. 친구를 위하여 죽는 것입니다. 예수님이 왜 육신을 입고 이 땅에 오셨습니까? 마태복음 20장 28절 말씀입니다.

자기 목숨을 많은 사람의 대속물로 주려 함이니라.

　예수님은 우리를 위해 죽으시기 위해서 오셨습니다. 영이신 하나님은 죽을 수가 없기 때문에 육신을 입고 이 땅에 오신 것입니다. 예수님은 친구인 우리를 위하여 십자가에서 죽으셨습니다.
　가치 없는 일을 위해서 죽는 사람은 아무도 없습니다. 잃어버린 영혼을 찾는 것은 가치 있는 일이기 때문에 예수님은 잃어버린 영혼을 위해서 십자가에서 죽으신 것입니다. 잃어버린 영혼은 예수님의 핵심 가치입니다.

그래서 누가복음 15장에서는 잃어버린 양을 찾고 잔치를 벌이고, 잃어버린 드라크마를 찾고 잔치를 벌이고, 잃어버린 아들을 찾고 잔치를 벌입니다.

잃어버린 영혼을 찾는 것은 하나님의 가장 큰 기쁨이요, 하나님의 가장 큰 가치입니다.

사랑하기 때문에

누가복음 15장 4절 말씀입니다.

그 잃은 것을 찾도록 찾아다니지 아니하느냐?

잃은 것을 찾을 때까지 찾는다고 합니다. 누가복음 15장 8절 말씀입니다.

하나를 잃으면 등불을 켜고, 집을 쓸며, 찾도록 찾지 아니하겠느냐?

잃은 드라크마를 찾을 때까지 부지런히 찾겠다고 합니다. 찾을 때까지 찾는다는 말은 '반드시 찾겠다'는 말씀입니다. 왜 찾습니까? 사랑하기 때문입니다.

제 아들 기용이를 4살 때 잃어버렸다가 찾은 적이 있습니다. 외삼촌 졸업식에 참석했다가 없어져서 온 식구가 서대문을 헤매며 실성한 사람처럼 찾았습니다. 왜 찾습니까? 사랑하기 때문에 찾았습니다.

나와 여러분은 찾은 사람들입니다. 예수님은 우리를 찾기 위해서 육신을 입고 이 땅에 오셨고, 우리를 찾기 위해서 십자가에서 죽으셨습니다. 우리는 하나님의 목숨으로 찾아진 사람들입니다.

가치 비교

여러분의 핵심 가치와 예수님의 핵심 가치를 비교해

보시기 바랍니다.

제가 속한 대한예수교 장로회 통합 측 평양노회는 봄 노회 때마다 전도 상을 시상합니다. 이번에 최고 전도 상을 받은 사람 중 한 분은 190명, 한 분은 170명을 전도했습니다. 나는 이 분들을 보면서 마음껏 박수를 보내 드렸습니다. 왜 이렇게 전도합니까? 잃어버린 영혼을 구원하는 것이 이분들의 핵심 가치였기 때문입니다. 예수님의 핵심가치와 동일한 분들입니다.

예수님을 닮은 성도가 누구입니까?

'예수님의 가치'를 닮은 사람입니다. 가치가 닮아야 닮은 것입니다. 여러분의 가치는 예수님의 가치를 얼마나 닮았습니까?

아버지가 양을 잃어버렸습니다. 드라크마를 잃어버렸습니다. 그렇다면 자녀는 어떻게 해야 합니까?

아버지와 함께 찾아야 합니다. 그래야 효자입니다.

닮은 자녀

누가복음 15장 8절 말씀에는 잃어버린 드라크마를 찾기 위해 등불을 켜고 찾습니다. 온 집을 쓸면서 찾습니다. 부지런히 땀 흘리며 찾습니다. 이것이 하나님께서 잃어버린 영혼을 찾는 모습입니다. 잃어버린 영혼을 찾는 일이 얼마나 귀하면 이렇게 하시겠습니까?

하나님이 귀하게 여기는 것을 귀하게 여기고, 하나님이 사랑하는 것을 사랑하고, 하나님이 찾는 것을 찾는 것이 그리스도인들이며 하나님의 자녀입니다.

여러분은 진실한 그리스도인인가요?

여러분은 아버지를 닮은 자녀인가요?

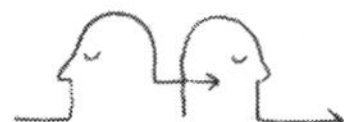

8 자기의 육체를 위하여 심는 자는 육체로부터 썩어질 것을 거두고 성령
을 위하여 심는 자는 성령으로부터 영생을 거두리라

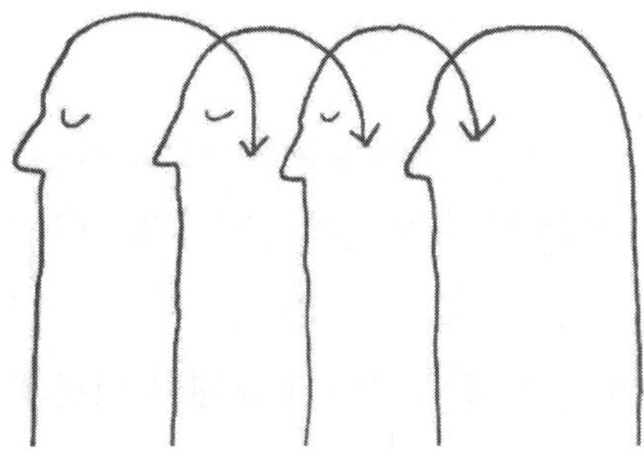

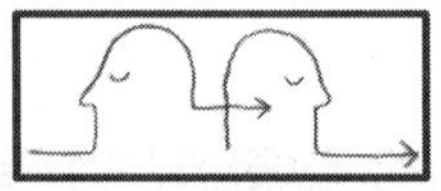

바울의 핵심 가치

예수님의 핵심 가치는 잃어버린 영혼입니다. 그렇다면 우리의 핵심 가치는 무엇입니까? 잃어버린 영혼을 구원하는 것입니다.

예수님께서는 우리의 핵심 가치에 대해서 이렇게 말씀하십니다. 마태복음 28장 19~20절 말씀입니다.

너희는 가서 모든 족속으로 제자를 삼아 아버지와 아들과 성령의 이름으로 세례를 주고 내가 너희에게 분부한 모든 것을 가르쳐 지키게 하라.

바울은 자신의 핵심 가치에 대해서 이렇게 말씀하십니다. 사도행전 20장 24절 말씀입니다.

나의 달려갈 길과 주 예수께 받은 사명 곧 하나님의 은혜의 복음을 마치려 함에는 나의 생명을 조금도 귀한 것으로 여기지 아니하노라.

자신의 핵심가치인 복음을 위해 기꺼이 자신의 생명을 내놓겠다고 합니다.

챨스 피니의 핵심 가치

미국의 위대한 부흥사였던 챨스 피니Charles G. Finny 목사님은 어느 날 시카고 거리에 나왔다가 많은 사람들이 다니는 것을 보고 눈물을 흘렸습니다.

곁에 있던 사람이 피니 목사님에게 물었습니다.

"목사님 왜 우십니까?"

그러자 피니 목사님이 이렇게 대답했습니다.

"저 많은 사람들이 지옥으로 가고 있습니다. 복음을 듣지 못하고, 하나님의 사랑을 알지 못하고 지옥으로 가고 있습니다."

피니 목사님의 핵심가치가 무엇입니까?
잃어버린 영혼을 구원하는 것이었습니다.

최권능 목사님의 핵심 가치

최권능 목사님은 아침부터 저녁까지 평양거리에서 '예수 천당'을 외쳤습니다. 최권능 목사님은 '예수 천당'을 외치다 하나님의 나라로 가셨습니다. 최권능 목사님의 핵심가치는 '예수 천당' 즉 잃어버린 영혼을 구원하는 것이었습니다.

이세종 선생의 핵심 가치

이세종 선생은 한 사람을 구원하기 위해서 짚신 세 켤레가 닳을 때까지 그 집을 찾아가 전도하여 자신이

살고 있는 지역을 다 전도했습니다. 이세종 선생의 핵심 가치는 전도였습니다.

최춘선 할아버지의 핵심 가치

최춘선 할아버지는 평생 맨발로 지하철에서 복음을 증거하시다 돌아가셨습니다. 최춘선 할아버지의 핵심 가치는 전도였습니다.

사람 사랑

모두가 다 예수님을 닮은 사람들입니다. 진정한 닮음은 가치가 닮은 것입니다. 여러분은 예수님을 닮으셨습니까?

성경의 말씀을 한 마디로 요약하면 사랑입니다. 하

나님을 사랑하고 이웃을 사랑하는 것입니다. 그러므로 사랑하면 성경 66권의 삶을 순종하는 것입니다.

하나님을 사랑하고 사람을 사랑하는 것이 무엇입니까? 한 마디로 말씀드리면 전도입니다.

사람이 사람을 사랑하는 것과 사람이 하나님을 사랑하는 것은 비슷합니다. 사람들이 서로 사랑할 때 일어나는 현상은 첫째, 자주 만나고 싶어합니다.

연애할 때는 일주일에 일곱 번도 만난 적이 있습니다. 사랑하는 사람은 매일 만나도 싫증이 안 납니다. 사랑하면 자주 만나고 싶습니다.

둘째, 만나면 대화를 합니다.

비밀스런 대화도 합니다. 시간 가는 줄 모르고 대화를 합니다. 사랑하면 말을 합니다.

셋째, 사랑하면 주고 싶습니다.

맛있는 밥도 사 주고, 선물도 사 주고, 마음도 주고, 몸까지도 줍니다. 이게 사랑입니다.

넷째, 사랑하면 자랑합니다.

사랑은 자랑하는 것입니다. 교회를 사랑하면 교회를

자랑하고, 목사를 사랑하면 목사를 자랑합니다. 사랑
의 특성은 사랑하는 대상을 자랑하는 것입니다.

예수 사랑

우리가 예수님을 사랑하게 되면 사람을 사랑하는 것
과 똑같은 현상이 일어납니다.

첫째, 예수님을 만나고 싶어합니다.

가톨릭에서는 예배를 미사mass라고 하는데 이 말은
만남이라는 뜻입니다. 하나님을 만나는 것이 예배입니
다. 그러므로 하나님을 사랑하는 사람들은 예배를 사
랑합니다. 예배를 기다립니다. 예배를 기뻐합니다.

둘째, 예수님과의 대화를 즐깁니다.

대화가 무엇입니까? 기도입니다. 그래서 하나님을
사랑하는 사람은 기도하는 것입니다.

셋째, 예수님께 자꾸 드리고 싶어 합니다.

물질도 드리고 싶고, 마음도 드리고, 몸도 드리고,

시간도 드리고, 자꾸 드리고 싶어집니다. 이것을 헌신이라고 합니다. 충성이라고 합니다.

넷째, 예수님을 자랑합니다.

예수님을 자랑하는 것이 무엇입니까? 전도입니다. 예수님이 너무 너무 좋아 자랑하는 것이 전도입니다.

사랑하지 않는 죄

신랑 되신 예수님을 사랑하십니까?

친구 되신 예수님을 사랑하십니까?

예수님을 믿는 사람이 짓는 가장 큰 죄는 예수님을 사랑하지 않는 죄입니다. 사랑은 상대적입니다. 남편이 외도하면 사랑하기 어렵습니다. 남편이 폭력 쓰면 사랑하기 어렵습니다. 그래서 별거도 하고 이혼도 합니다.

그러나 우리 신랑 예수님은 외도한 적도 없고, 폭력한 적도 없습니다. 예수님은 우리를 너무 너무 사랑하셔서 십자가에서 죽으셨습니다.

한 알의 밀이 땅에 떨어져 죽지 아니하면 한 알 그대로 있고 죽으면 많은 열매를 맺느니라.

우리를 너무 너무 사랑하셔서 땅에 떨어졌습니다. 무덤까지 내려가셨습니다. 죽으셨습니다.

사람이 친구를 위하여 목숨을 버리면 이에서 더 큰 사랑이 없느니라.

우리를 위해서 목숨을 버리셨습니다. 우리가 이런 분을 사랑하지 못한다면 죄입니다. 사랑이 무엇입니까? 너무 너무 좋아서 자랑하는 것입니다. 전도하는 것입니다.

번식하지 못하는 이유

전도를 다른 말로는 번식이라고 합니다. 식물이든 동물이든 번식하지 못하는 이유는 네 가지입니다.

첫째는, 너무 어려서입니다.

우리 교회에 진돗개가 있습니다. 진돗개는 7개월 이상 자라야 새끼를 낳습니다. 어린 것은 새끼를 못 낳습니다. 전도도 마찬가지입니다. 어린아이 신앙, 씨 신앙은 번식을 못합니다.

둘째는, 너무 늙어서입니다.

70이 넘은 할머니들이 아이 낳는 것 봤습니까?

신앙도 마찬가지입니다. 오래된 교인들은 전도하지 않습니다. 닭을 길러봤더니 묵은 닭은 울기만 하지 알을 낳지 않습니다. 묵은 닭과 같은 성도들은 시끄럽기만 하고 폼만 잡지 전도를 안 합니다.

셋째는, 병들어서 번식하지 못합니다.

신앙도 마찬가지입니다. 병들면 전도를 못합니다. 질병의 징조는 눈이 나빠지고 입이 나빠지는 것입니다. 교회의 안 좋은 것만 보입니다. 목사의 안 좋은 것만 보입니다. 성도들의 안 좋은 것만 보입니다. 범사에 불평입니다. 병에 걸려서 그렇습니다. 절대 전도하지 못합니다.

여러분은 전도하십니까?

영생 거두기

여러분의 핵심 가치가 무엇입니까? 갈라디아서 6장 8절 말씀입니다.

자기의 육체를 위하여 심는 자는 육체로부터 썩어질 것을 거두고 성령을 위하여 심는 자는 성령으로부터 영생을 거두리라.

육체를 위하여 심는 자가 있고, 성령을 위하여 심는 자가 있다고 합니다.

성령을 위하여 심는 자는 영생을 거둔다고 합니다.

영생을 거두는 것이 진짜입니다. 돈도 없어질 것이고, 건강도 없어질 것이고, 명예도 없어질 것입니다.

그러나 영생은 영원한 것입니다. 영생은 가장 가치 있
는 것입니다. 최용덕 씨는 마태복음 28장 16절 이하의
말씀을 기초로 해서 이렇게 노래하고 있습니다.

"갈릴리 마을 그 숲속에서

주님 그 열 한 제자 다시 만나시사

마지막 그들에게 부탁하시기를

너희들은 가라 저 세상으로

가서 제자 삼으라.

세상 많은 사람들을

세상 모든 영혼이 네게 달렸나니

가서 제자 삼으라.

나의 길을 가르치라.

내가 너희와 항상 함께 하리라. 아멘."

1 여호와께서 아브람에게 이르시되 너는 너의 고향과 친척과 아버지의 집을 떠나 내가 네게 보여 줄 땅으로 가라
2 내가 너로 큰 민족을 이루고 네게 복을 주어 네 이름을 창대하게 하리니 너는 복이 될지라
3 너를 축복하는 자에게는 내가 복을 내리고 너를 저주하는 자에게는 내가 저주하리니 땅의 모든 족속이 너로 말미암아 복을 얻을 것이라 하신지라

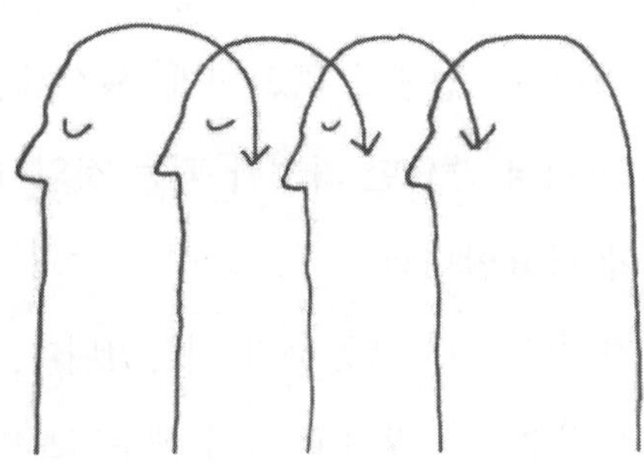

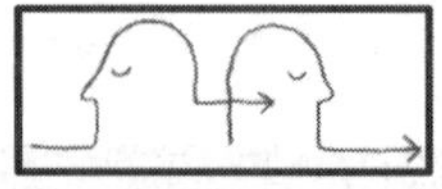

가치가 바뀌면

가치가 무엇입니까?

영어에는 가치에 해당하는 중요한 세 단어가 있습니다. value, worth, merit, 사전적인 의미는 한 마디로 말하면 '값어치'입니다. 내가 가장 중요하게 생각하는 것이 가치입니다.

돈을 중요하게 생각하면 돈이 내게 있어서 가장 중요한 가치입니다. 명예를 중요하게 생각하면 명예가 내게 있어서 가장 중요한 가치가 되는 것입니다.

가치가 왜 중요합니까?

사람은 가치에 따라 행동하기 때문입니다.

마리아는 예수님을 만나고 나서 예수님보다 더 가치

있는 것이 없다고 생각했기 때문에 자신의 전 재산인 나드 향유를 깨뜨려 예수님의 머리에 붓습니다.

수가성 우물가의 사마리아 여자는 예수님을 만나기 전에는 남자에게 최고의 가치를 두었기 때문에 계속해서 남자를 바꿉니다. 지금 있는 남편도 여섯 번째입니다. 그러나 예수님을 메시아로 만난 다음 가치가 바뀝니다. 이제는 세상 남자가 아니라 예수님입니다. 가치 이동, 가치변화입니다. 그래서 물동이를 버려두고 사마리아 성으로 들어가 복음을 전합니다. 가치가 바뀌면 행동이 바뀝니다.

선교 가치

예수님의 제자들은 예수님과 동고동락하며 직접 배우기는 했지만 가치가 바뀌지 않았습니다.

그래서 예수님은 제자들에게 마지막 유언으로 가치를 바꾸라고 말씀하시고 바꾸어야 할 가치를 가르쳐 주셨습니다.

그것이 무엇입니까? 선교 가치입니다.

제자들은 선교 가치를 모르기 때문에 선교에 관심도 없고 선교에 대해 부정적인 생각을 하고 있었습니다.

사도행전 10장에 보면 베드로는 성령을 받고도 이방 선교에 대해서 부정적인 생각을 하고 있었습니다. 그래서 하나님께서 베드로에게 환상을 보여주십니다. 사도행전 10장 11~15절입니다.

하늘이 열리며 한 그릇이 내려오는 것을 보니 큰 보자기 같고 네 귀를 메워 땅에 드리웠더라. 그 안에는 땅에 있는 각색 네 발 가진 짐승과 기는 것과 공중에 나는 것들이 있는데 또 소리가 있으되 베드로야 일어나 잡아먹으라 하거늘 베드로가 가로되 주여 그럴 수 없나이다. 속되고 깨끗지 아니한 물건을 내가 언제든지 먹지 아니 하였삽나이다 한대 또 두 번째 소리 있으되 하나님께서 깨끗케 하신 것을 네가 속되다 하지 말라 하시더라.

이 말씀을 보면 선교에 대해 부정적인 생각을 하고 있는 베드로에 대해 잘 알 수 있습니다. 베드로에게는 선교 가치가 없었습니다.

가치가 바뀌지 아니하면 절대로 행동하지 않습니다. 가치가 변해야 행동이 변하는 것입니다.

선교 명령

예수님께서 제자들에게 가치를 바꾸라고 유언하십니다. 예수님이 유언하실 만큼 가치가 중요한 것입니다.

예수님의 두 가지 유언이 무엇입니까? 첫째는, 마태복음 28장 19-20절 말씀인 선교 명령입니다.

너희는 가서 모든 족속으로 제자를 삼아 아버지와 아들과 성령의 이름으로 세례를 주고 내가 너희에게 분부한 모든 것을 가르쳐 지키게 하라.

성령 세례

둘째는, 사도행전 1장 4~5절 말씀인 성령 세례입니다.

그들에게 분부하여 이르시되 예루살렘을 떠나지 말고 아버지의 약속하
신 것을 기다리라. 너희는 몇 날이 못 되어 성령으로 세례를 받으리라.

예수님의 유언은 선교와 성령 세례입니다. 이것은 똑 같은 유언입니다. 성령을 받으면 가치가 바뀝니다. 어떻게 바뀝니까? 사도행전 1장 8절 말씀입니다.

성령이 너희에게 임하시면 너희가 권능을 받고 예루살렘과 온 유대와
사마리아와 땅 끝까지 이르러 내 증인이 되리라.

성령 세례는 선교 가치를 일으킵니다.

성령을 주시는 첫 번째 목적은 구원이고, 성령을 주시는 두 번째 목적은 선교입니다.

불신자에게 성령이 오시면 예수님을 믿게 되고, 신자에게 성령이 오시면 선교 비전이 옵니다.

성령은 선교의 영입니다.

성령 충만한 교회의 으뜸 가치가 무엇입니까?

그것은 선교입니다. 그래서 교회는 선교 공동체이어야 합니다. 선교 지향적이어야 합니다. 성도는 선교적

이어야 하고 신앙도 선교적이어야 합니다.

삼위일체 하나님 닮기

변화가 무엇입니까?

세상적인 교회가 선교적인 교회가 되는 것입니다. 세상적인 성도가 선교적인 성도가 되는 것입니다. 교회의 최고의 가치가 선교가 될 때, 성도의 최고의 가치가 선교가 될 때 하나님을 닮은 것입니다. 예수님을 닮은 것입니다. 성령님을 닮은 것입니다.

그래서 레슬리 뉴비긴Lesslie Newbiggin은 "교회가 선교의 사명을 잃었을 때 더 이상 신약의 교회라 할 수 없다"고 했습니다.

에밀 부룬너Emil Brunner는 "불은 타오르므로 존재하는 것처럼 교회는 선교함으로 존재한다"고 했습니다.

교회의 존재 목적이 선교가 될 때, 성도의 존재 목적이 선교가 될 때 삼위일체 하나님을 닮은 것입니다.

성부 하나님은 아담과 하와가 죄를 범하고 동산 숲에 숨었을 때 그들을 구원하시기 위해서 에덴동산에 내려오셔서 가죽 옷을 지어 입히셨습니다.

성부 하나님은 선교사였습니다.

성자 하나님은 죄로 말미암아 죽을 인간을 구원하기 위해 육신을 입고 이 땅에 오셨습니다. 인류의 죄를 위해 십자가에서 죽으셨습니다.

예수님은 선교사로 오셨습니다.

성령 하나님은 오순절 날 마가의 다락방에 오셨습니다. 선교사로 오신 것입니다. 성령이 오시면 증인이 됩니다. 증인이 무엇입니까? 선교사입니다.

오순절 날 성령이 어디에 오셨습니까?

온 집the whole house에 임했습니다. 온 집은 다락방 교회입니다. 성령이 오심으로 교회가 선교 공동체가 된 것입니다.

또 성령은 각 사람each of them 위에 오셨습니다.

성령이 오심으로 각 사람 즉 성도들이 선교사가 된 것입니다. 그러므로 오순절 사건은 교회가 선교 가치를 받은 날입니다. 성도가 선교 가치를 받은 날입니다. 가치 혁명이 일어난 날입니다. 교회가 변화된 날입니다. 성도가 변화된 날입니다.

변화된 교회는 선교 가치에 목숨을 겁니다.

변화된 성도는 선교 가치에 목숨을 겁니다.

변화의 유일한 열매는 선교입니다.

변화된 마음은 선교적 마인드mind입니다.

변화된 입은 선교를 말합니다.

변화된 삶은 선교적인 삶을 삽니다.

변화된 비전은 선교적 비전입니다.

여러분은 성령의 사람입니까? 변화된 사람입니까?

변화된 사람들은 선교의 가치를 붙들고 삽니다. 먹다가 죽으면 안 됩니다. 놀다가 죽으면 안 됩니다. 즐기다가 죽으면 안 됩니다. 선교하다가 죽어야 됩니다. 선교를 최고의 가치로 붙든 사람들이 하나님의 사람입니다. 성령의 사람입니다.

처음 조선 땅에 온 세 명의 선교사는 귀츨라프 선교사, 토마스 선교사, 그리고 로스 선교사입니다.

이들의 공통분모는 모두 다 선교의 현장에서 아내를 잃었다는 것입니다.

선교사님들은 이렇게 말했습니다.

"이제 조선이 나의 신부다."

조선을 신부삼아 생명을 바쳐 뜨겁게 사랑했습니다.

그 열매가 오늘의 대한민국입니다.

최춘선 할아버지는 "하루에 1,000시간 있어도 하나님의 사랑을 전하는데 모자랄 것입니다"라고 말씀했습니다. 선교 가치를 붙들고 사신 분입니다.

선교하는 교회들

배 밑창에 내려가 잠자는 요나와 같은 교회가 되면 안 됩니다. 요나와 같은 성도가 되면 안 됩니다. 선교에 잠자는 교회, 선교에 잠자는 성도는 가치 없는 성도입니다.

캐나다의 '백성의 교회'People's Church는 3,000명 교인이 6,000명의 선교사를 파송했습니다. 몇 백 만원씩, 몇 천 만원씩, 선교헌금에 동참하는 성도가 수 백 명입니다. 여러분, 돈 벌어서 뭐 할 겁니까?

돈 벌어야 할 이유가 무엇입니까?

우리 교회가 성장해야 할 이유가 무엇입니까?

선교입니다. 돈 벌어서 선교해야 됩니다. 돈 벌어서 남 줘야 됩니다. 교회를 부흥시켜 남 줘야 합니다. 교회를 부흥시켜 선교해야 됩니다. 교회의 능력은 선교의 능력입니다. 미국 보스턴에 있는 '팍 스트리트 처치'Park street Church는 예산의 70%를 선교를 위해 사용합니다.

우리나라에도 이런 교회가 있습니다. 전주에 있는 안디옥 교회입니다. 지금도 선교의 가치를 붙들고 자신의 재산을 서슴없이 내놓는 순교의 정신으로 살아가는 스데반의 후예들이 많습니다.

선교를 살려라

현대 기독교는 예수는 살았는데 선교가 죽어가고 있습니다. 그 결과가 무엇인지 아십니까? 세상이 모슬렘화 되어가는 것입니다. 1934년 모슬렘 성도는 2,000만이었습니다. 그 후 70년 동안 500%가 증가하여 지금은 모슬렘 수가 10억이 넘었습니다. 기독교는 겨우 47%만 증가했습니다. 성장 비율이 500:47입니다. 현재 기독교 선교사는 10만인데 비해 모슬렘 선교사는 100만입니다. 벌써 유럽 교회는 교회가 모슬렘 교당으로 변했습니다.

기억하십시오. 선교가 죽으면 교회가 죽습니다. 선교가 죽으면 세상이 죽습니다. 교회마다 성도마다 선교 가치가 태양처럼 뜨거워야 됩니다. 모라비안 교도

들은 열 두 명이 한 사람의 선교사를 보냈습니다. 12:1의 교회입니다.

예수님은 선교사를 키웠습니다. 예수님의 제자들은 모두 다 선교사가 되었습니다. 우리들도 모두 다 선교사가 되어야 됩니다. 하나님께서는 아브라함을 선교사로 파송하셨습니다. 창세기 12장 1절 말씀입니다.

내가 네게 지시할 땅으로 가라.

가나안 땅이란? 선교지로 가라는 말씀입니다. 창세기 12장 3절 말씀입니다.

땅의 모든 족속이 너로 말미암아 복을 얻을 것이니라.

아브라함이 선교사로 가는 땅이 복을 받을 것이라는 말씀입니다. 선교사가 가는 땅은 복을 받습니다.

우리나라가 왜 복 받은 땅이 되었는지 아십니까? 선교사가 들어와서 피를 뿌렸기 때문입니다. 복음을 뿌렸기 때문입니다. 선교사는 땅을 축복하는 사람들입니다. 선교사는 세상을 축복하는 사람들입니다. 우리도 선교사가 되어야 합니다. 보내는 선교사가 되든지, 가는 선교사가 되든지 선교사가 되어야 합니다.

우리의 건강으로 선교해야 합니다. 우리의 재정으로 선교해야 됩니다. 우리의 달란트로 선교해야 됩니다.

선교 가치를 사십시오. 선교 가치를 붙드십시오. 교회의 목적도 선교요. 성도의 목적도 선교요. 가정의 목적도 선교요. 회사의 목적도 선교입니다.

선교 가치! 이것은 예수님이 우리에게 주신 가치입니다.

10. 성경적 가치

44 믿는 사람이 다 함께 있어 모든 물건을 서로 통용하고
45 또 재산과 소유를 팔아 각 사람의 필요를 따라 나눠 주며
46 날마다 마음을 같이하여 성전에 모이기를 힘쓰고 집에서 떡을 떼며
기쁨과 순전한 마음으로 음식을 먹고
47 하나님을 찬미하며 또 온 백성에게 칭송을 받으니 주께서 구원 받는
사람을 날마다 더하게 하시니라

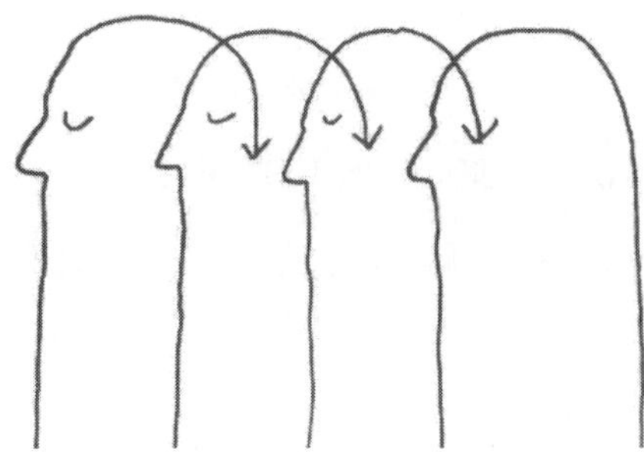

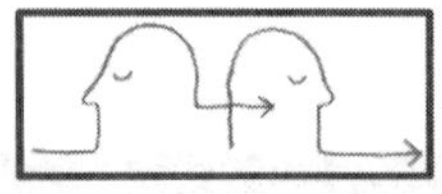

가치가 중요한 이유

왜 가치가 중요한지 아십니까?

첫째, 가치는 추구하는 것의 대상이 되기 때문입니다. 사람들은 가치를 추구합니다. 돈이 최고의 가치라고 생각하는 사람은 돈을 추구합니다.

북한은 핵무기에 최고의 가치를 두고 있습니다. 그래서 핵무기란 가치를 추구하기 위해서 국제적인 압력에도 불구하고 핵무기 개발에 전력하고 있습니다. 이처럼 가치는 추구하는 것의 대상이 됩니다.

둘째, 가치는 좋아하는 것과 싫어하는 것의 기준이

됩니다. 내가 가치 있다고 생각하는 것은 좋아하고, 내가 가치 없다고 생각하는 것은 싫어합니다.

축구에 가치를 두고 있는 사람은 축구를 좋아하고, 축구에 가치를 두고 있지 않는 사람은 축구를 싫어합니다. 가치는 좋은 것과 싫은 것의 기준이 됩니다.

셋째, 가치는 옳은 행동과 옳지 못한 행동의 기준이 됩니다.

인도 서부에 '구자라트 주'가 있습니다. 이곳에서는 돈을 받고 아내를 빌려주는 아내 임대업이 성행한다고 합니다. 한 달에 아내 임대료가 8천 루피, 우리 돈으로 약 18만 원 정도 된다고 합니다. 이처럼 가치가 잘못되면 잘못된 행동을 하게 됩니다.

사람은 가치를 따라 갑니다. 가치는 사람을 움직이는 힘입니다. 그러기에 사람에게 있어서는 가치가 중요합니다.

가치는 그 사람의 색깔

가치는 그 사람의 '삶의 색깔'입니다. 빨강색 가치를 가지고 있으면 빨강색 삶을 살고, 하얀색 가치를 가지고 있으면 하얀색 삶을 사는 것입니다. 가치가 그 사람의 삶의 색깔입니다. 삶의 색깔을 바꾸려면 가치를 바꾸면 됩니다.

가치가 바뀌면 그 사람이 변하지만 가치가 변하지 않으면 절대로 삶이 변하지 않습니다.

가치가 무엇과 같을까? 곰곰이 생각해 보았습니다. 가치는 설계도와 같은 것이라는 생각이 들었습니다.

집은 설계도가 있어야 지을 수 있습니다. 설계도가 좋으면 좋은 집을 지을 수 있고, 설계도가 안 좋으면 좋은 집을 지을 수가 없습니다. 좋은 집을 지으려면 설계도를 바꾸어야 합니다.

그렇습니다. 가치가 바뀌어야 삶이 바뀌는 것입니다. 가치가 천한 사람은 천한 삶을 살고, 가치가 존귀한 사람은 존귀한 인생을 삽니다. 가치 변화가 진정한 변화입니다.

바울은 율법이란 가치에 목숨을 걸었습니다. 율법이 최고의 가치였습니다. 그래서 율법을 지키지 않는다고 그리스도인들을 핍박하고 옥에 잡아 가두었습니다.

그러나 다메섹 도상에서 예수 그리스도를 만나고 나서, 예수님을 인생의 최고의 가치로 받아드립니다. 그래서 바울은 이방인의 사도로 예수님을 증거하다가 작렬하게 순교합니다.

바울은 율법이란 가치에서 예수란 가치로 '가치 변화'가 일어났습니다. 가치 변화와 더불어 바울의 삶이 180도 변화되었습니다.

헬렌 켈러Helen Keller는 가치에 대해서 이런 말을 했습니다.

"많은 사람이 진정한 행복이 무엇인지 잘 모르고 있다. 행복은 자기만족에서 얻어지는 것이 아니라 가치 있는 일에 충성할 때 얻어지는 것이다."

여기서 헬렌 켈러가 말하는 가치 있는 일이 무엇입니까? 세상적 가치가 아니라 성경적 가치입니다. 세상적 가치를 성경적 가치로 바꾸지 않는 한 진정한 행복은 없습니다. 세상적 가치에서 세상적 가치로 바꾸는 것이 아니라, 세상적 가치를 성경적인 가치로 바꾸어야 합니다. 이것이 성경적 변화입니다.

예수님을 만나라

어떻게 세상적 가치를 성경적 가치로 바꿀 수 있습니까?

첫째, 예수님을 만나야 합니다.

예수님을 대충 만나면 안 됩니다. 예수님을 분명하게 만나야 됩니다. 예수님을 인격적으로 만나야 합니다. 그렇지 않으면 세상적 가치가 성경적 가치로 바뀌지 않습니다.

수가성 여인은 남자에게 최고의 가치를 두었습니다. 남자가 자신을 행복하게 한다고 생각했습니다. 그래서 남자에 목숨을 걸었습니다. 세상적 가치관입니다.

세상적 가치관을 추구하는 한 행복은 절대 없습니다. 그래서 자꾸만 남자를 바꿉니다. 벌써 여섯 번째 남자입니다. 그런데 수가성 우물가에서 어느 날 예수님을 만났습니다. 예수님을 만나는 순간 가치관이 완전히 바뀌었습니다. 세상적 가치관이 성경적 가치관으로 100% 바뀐 것입니다.

기억하십시오. 예수님을 대충 만나면 종교인이 됩니다. 율법적인 교인이 됩니다. 종교성은 자라지만 영성은 자라지 않습니다. 교회는 다니지만 행복하지는 않습니다. 불행한 성도입니다. 입으로는 예수를 말하면서 세상 가치를 따라 갑니다. 종교적인 옷만 입고 다닙니다. 혹시 이런 분 안 계십니까?

예수님을 인격적으로 만나지 않아서 그렇습니다. 예

수님을 제대로 만나면 예수님보다 더 귀하고 예수님보다 더 중요한 것이 없습니다. 그래서 예수 그리스도를 확실히 만난 뮐러Miller는 이렇게 고백합니다.

"주 예수 보다 더 귀한 것은 없네.
이 세상 부귀와 바꿀 수 없네.
영 죽을 내 대신 돌아가신
그 놀라운 사랑 잊지 못해
주 예수 보다 더 귀한 것은 없네.
이 세상 명예와 바꿀 수 없네.
이전에 즐기던 세상일도
주 사랑하는 맘 뺏지 못해
주 예수 보다 더 귀한 것은 없네.
이 세상 행복과 바꿀 수 없네.
유혹과 핍박이 몰려와도
주 섬기는 내 맘 변치 못해
세상 즐거움 다 버리고
세상 자랑 다 버렸네.
주 예수보다 더 귀한 것은 없네

예수 밖에는 없네."

전에는 명예였는데 이제는 예수라고 합니다. 전에는 부귀였는데 이제는 예수라고 합니다. 전에는 세상 행복이었는데 이제는 예수라고 합니다.

예수님을 만나고 가치가 완전히 바뀐 뮐러입니다. 세상적 가치가 성경적인 가치로 바뀐 것입니다.

김익두 목사는 포악한 깡패였습니다. 그의 가치는 세상을 즐기는 것이었습니다. 그래서 결혼을 하고서도 막 살았습니다. 그러나 소안론 선교사를 통해서 예수님을 영접하고 그의 가치가 완전히 바뀌었습니다. 술이 아닙니다. 여자가 아닙니다. 이제는 예수입니다. 그래서 한국 교회 역사에 중요한 분이 되었습니다.

가치가 바뀌니까 깡패가 천사가 됩니다. 가치가 변해야 사람이 변하는 것입니다. 예수님을 만나면 가치가 바뀝니다.

　세상적인 가치를 성경적인 가치로 바꾸는 두 번째 비결은 '성령 세례'입니다.

　성령의 내주를 통해서는 예수 그리스도를 구주로 믿고 하나님의 자녀로 신분이 바뀌지만, 성령세례를 통해서는 가치가 바뀝니다. 초대교회 성도들은 성령세례를 받고 가치가 변했습니다. 사도행전 2장에 보면 성령세례 받은 초대교회 성도들의 삶이 기록되어 있습니다.

　물건을 통용합니다. 재산을 나눕니다. 자기만을 위하여 돈 벌고, 자기만을 위하여 살던 사람들이 떡을 나누고, 물건을 나누고, 재정을 나눕니다.

　세상적인 가치로 사는 사람은 떡을 해서 자기만 먹습니다. 물건을 자기만을 위해서 사용합니다. 재정을 자기만을 위해서 사용합니다. 그러나 성경적인 가치관을 가지고 사는 사람들은 떡을 나눕니다. 물건을 나눕니다. 재정을 나눕니다. 사랑을 실천하는 삶을 삽니다.

예수 믿고 가치관이 완전히 변화된 분, 성령세례 받고 가치관이 완전히 변화된 분, 성경적 가치관으로 살아갔던 한 분을 소개해 드리면서 가치에 대한 결론을 내릴까 합니다.

이분은 한국의 슈바이처이십니다. 의학박사이십니다. 자랑스러운 장로님이십니다. 바로 성산 장기려 박사님입니다.

장기려 박사님은 예수님을 통해서 완전히 가치관이 바뀌신 분입니다. 성경적 가치관으로 감동적인 삶을 사신 분입니다.

장기려 박사님은 부산에 복음병원을 세우고 돈에 연연하지 않고 사람들을 치료해 주었습니다. 수많은 일화가 있지만 하나만 소개하겠습니다.

경남 거창에 사는 한 농부가 복음병원에 입원을 했는데, 입원비가 밀려서 퇴원을 할 수 없게 되었습니다.

환자는 고민을 하다가 병원 설립자이며 병원장인 장

기려 박사님을 찾아가서 하소연을 했습니다. 농부의 이야기를 다 듣고 난 뒤 장기려 박사님이 이렇게 이야기를 했습니다.

"좋은 방법이 있습니다. 오늘 밤에 도망을 가십시오. 제가 문을 열어 줄 테니 도망을 가십시오. 어떻게 하겠습니까? 병원비는 없고, 병원 방침은 그렇고, 빨리 집에 가서 가족들을 먹여 살리십시오."

그날 밤 직원이 다 퇴근하고 난 뒤 장기려 박사님은 농부와 약속한 시간에 병원 뒷문에서 기다렸습니다. 이때 농부가 나타났습니다. 박사님은 "빨리 가십시오." 하고 뒷문을 열어 주었습니다. 그리고 봉투 하나를 주었습니다. 교통비를 담은 봉투였습니다. 이 농부는 눈물을 흘리면서 밤중에 병원을 나갔습니다.

가치관이 바뀌니까 불신자를 울립니다. 감동적인 사랑을 실천합니다. 성경적 가치관은 사랑을 실천합니다.

성경적 가치관으로 살아갔던 초대교회 성도들에 대해서 성경은 이렇게 말하고 있습니다.

사도행전 2장 47절 말씀입니다.

온 백성에게 칭송을 받으니 주께서 구원받은 사람을 날마다 더 하게 하시니라.

성경적 가치관으로 살아가면 자신도 행복하지만, 세상을 감동시켜 세상이 주께로 돌아와 놀라운 부흥이 일어나게 됩니다.

예수님을 인격적으로 만나십시오. 성령세례를 받으십시오. 그러면 세상적 가치를 추구하는 사람이 아니라 성경적 가치를 추구하는 사람이 됩니다. 이런 사람들로 인하여 세상이 주께로 돌아오는 것입니다.